Mein gesunder Dobermann

Dr. med. vet. Lowell Ackerman

Unter Mitarbeit von
Dr. rer. nat. Jürgen Schmidt
Dr. med. vet. Marion Heigl
Diana Lenk

Über den Autor

Dr. med. vet. Lowell Ackerman gilt als weltweit anerkannter Spezialist der Veterinärmedizin. Seine Bücher und Vorträge finden großen Zuspruch. Sogar eine eigene Radioshow mit Schwerpunktthemen aus der Veterinärmedizin moderiert er seit einigen Jahren. Sein besonderes Interesse gilt Fragen der richtigen Behandlung von Hautkrankheiten, Ernährung und der Vererbungslehre.
An dieser Stelle sei besonders seine Internet Homepage erwähnt, unter der Sie Fragen stellen können, und damit tiefer in manche Problematiken eindringen, als dieses Buch es kann.
http://www.familyinternet.com/pet/pet-vet.htm

bede-Verlag GmbH, 94239 Ruhmannsfelden
email: bede-verlag@t-online.de
Internet: www.bede-verlag.de
Herstellung und Gestaltung: Marcus Degen, bede-Verlag
Bildnachweis: Fotolabor Klaar. Wir bedanken uns für die Unterstützung.
Archiv T.F.H. Publications Inc.
(Isabelle Francais, Judith Iby, Patti Liermann, Jaqueline Mertens, Scotty Richardson, Penny Schultz, Robert Smith, Karen Taylor, Josef Wolff)
außer wenn anders aufgeführt
Übersetzung: Herprint International cc, Bredell 1623, Südafrika

Durchsicht der deutschen Übersetzung: Diana Lenk, 91154 Roth

ISBN 3-931 792-55-2
bede-Bestellnummer MG 007

Inhalt

Die wichtigste Aufgabe für den Halter eines Dobermann Pinschers ist die Gesunderhaltung seines Hundes. Foto: R. Klaar

Die wichtigste Aufgabe für den Halter eines Dobermann Pinschers ist es, diesen gesund zu erhalten. Im Gegensatz zu vielen anderen Büchern, die sich mit den Zuchtqualitäten, dem Körperbau und den Ausstellungseignungen dieser Hunde beschäftigen, befaßt sich dieses Buch hauptsächlich mit der Gesundheitsvorsorge für den Dobermann. Alle diesbezüglichen Informationen wurden aus unterschiedlichen Quellen zusammengestellt, um dem Leser einen möglichst breiten und aktuellen Überblick zu geben.

Dieses Buch macht den Leser mit so wichtigen Punkten wie der Auswahl des Hundes, der Erkennung von ererbten medizinischen und Verhaltensproblemen, der richtigen Ernährungsweise sowie der optimalen medizinischen Pflege vertraut.

Es soll dem Halter ermöglichen, seinen Dobermann so gesund wie möglich zu halten und ihm dadurch ein langes, erfülltes und glückliches Leben zu ermöglichen.

Dr. vet. Lowell Ackerman
im Frühjahr 1999

Mit diesem Buch wollen wir Sie mit so wichtigen Punkten wie der Auswahl des Hundes, Erkennung von Verhaltensproblemen, Ernährungsweise, sowie der optimalen Pflege vertraut machen.

Der moderne Dobermann Pinscher

Der Dobermann gehört zu den relativ „jungen" Rassen und existiert in der uns heute bekannten Form erst seit dem späten 18. Jahrhundert. Der „Vater" der Rasse war ein Steuereintreiber und, nebenberuflich, ein Hundefänger namens Louis Dobermann. Der Zuchtstamm, aus dem er die heute als Dobermann bekannte Rasse schuf, bestand aus Deutschen Pinschern und Rottweilern.

Aber das waren längst nicht alle Hunde, die ihren Beitrag zur Entstehung des Dobermann Pinschers leisteten. Der alte Deutsche Schäferhund steuerte seine Widerstandsfähigkeit, Intelligenz und Gesundheit bei, der Deutsche Pinscher lieferte das schnelle Reaktionsvermögen und den Schneid, der Weimaraner gab der Rasse ihre Fähigkeiten bei der Jagd sowie die gute Nase und die aufgehellte Farbe, der Rottweiler verlieh ihr seine Kraft, den Schutzinstinkt und den Mut. Schließlich wurde noch die Schnelligkeit vom englischen Greyhound (Windhund) und das kurze, glatte Fell vom Manchester Terrier beigesteuert. Die erste Zuchtbucheintragung der Dobermann- Rasse fand 1893 statt, und von diesem Zeitpunkt an gewann der Dobermann zunehmend an Beliebtheit. Um 1908 hielt der erste Dobermann seinen Einzug in die Vereinigten Staaten.

Die kupierten Ohren und der gestutzte Schwanz des modernen Dobermann Pinschers unterscheiden sich deutlich von denen ihrer Vorfahren. Ihre Ohren wurden kurz gestutzt und die Schwänze waren stummelartig.

Der 1. Weltkrieg verlangte von den damaligen Dobermannzüchtern einen hohen Preis, und viele Hunde starben an Unterernährung oder wurden nach dem Waffenstillstand nach Übersee verschifft. Wieder andere wurden von Hundefängern gegessen oder von ihren Haltern getötet, weil sie keine Möglichkeit sahen, ihre Hunde zu ernähren. Die einzig glücklichen waren die, die das Land verließen und nach Übersee gelangten. Tatsächlich hatte man bis zum Ende des Krieges die meisten der besten europäischen Dobermann Pinscher an Züchter in die USA verkauft. Im Verlauf der nächsten zwei Jahrzehnte erholte sich die Zucht in Deutschland wieder, als man viele der Hunde in den Militärdienst übernahm.
Die frühen Dobermann Pinscher unterschieden sich deutlich von den Hunden, die wir heute kennen. Ihre Ohren wurden extrem kurz gestutzt, so daß sie nicht von Widersachern abgerissen oder -gebissen werden konnten. Aggressivität war in dieser Zeit sehr gefragt, und die damaligen Dobermann Pinscher waren viel „härter" als die Haushunde von heute. Damals wurde die Aggressivität in der Rasse gefördert – heute ist das genaue Gegenteil das Ziel, denn ein aggressiver Hund paßt nicht in den Kreis einer Familie.
Die frühen Dobermann Pinscher besaßen außerdem eher kurze, gedrungene als schlanke und längere Schwänze, die dann gestutzt wurden. Berichten aus dieser Zeit ist zu entnehmen, daß es viele Würfe gab, in denen die Hunde lediglich „Stummel" anstelle richtiger Schwänze hatten. Allerdings war der Versuch einer permanenten Zucht von Dobermann Pinschern mit Stummelschwänzen ein Mißerfolg, wodurch das Stutzen der Schwänze zum Standard wurde.
Nach dem 2. Weltkrieg wurde die Rasse des Dobermanns noch populärer. In der Registrationsstatistik des American Kennel Clubs erreichte sie 1970 den 14. Platz, und 1994 konnte sie immer noch den 18. Platz für sich beanspruchen. In Anbetracht der Tatsache, daß die Rasse zu diesem Zeitpunkt erst knapp 100 Jahre alt war, ist dies eine bemerkenswerte Entwicklung.
Der ursprüngliche Dobermann wurde ausschließlich als Schutzhund gezüchtet, wohingegen die heutigen Vertreter der Rasse erheblich vielseitiger sind. Dobermann Pinscher eignen sich gut als Jagdhunde, Spürhunde und Hütehunde sowie auch als Begleithunde für Blinde, Taube oder anderweitig behinderte Menschen. Der Dobermann war und ist ein Arbeitshund, der sich am wohlsten fühlt, wenn er als solcher behandelt wird. In der heutigen Zeit, in der der Dobermann längst seiner aggressiven Vergangenheit entwachsen ist, wird er daher auch immer öfter als Familienhund und zunehmend seltener als Schutzhund gehalten. Das Stutzen der Ohren ist in Deutschland inzwischen verboten worden, auch das Kupieren der Schwänze hat mit den Jahren an Beliebtheit verloren und ist seit dem 1.6.99 verboten. Da es sich bei beiden Eingriffen um reine Schönheitsoperationen handelt, ist der Schritt in diese Richtung nur zu begrüßen.

Äußere Merkmale und Verhalten des Dobermann Pinschers

Der Dobermann ist ein ausgesprochener Arbeitshund und seinem Halter ein treuer sowie gehorsamer Gefährte. Er besitzt einen furchtlosen Charakter, ist stets aufmerksam, entschlossen und darin weder schüchtern noch aggressiv. Das elegante Erscheinungsbild der Rasse harmoniert mit einem noblen Charakter und der stolzen Haltung. Obwohl jeder Hund individuell betrachtet und behandelt werden sollte, muß ein guter Dobermann all die eben genannten positiven Eigenschaften aufweisen – ansonsten ist er kein echter Dobermann.

Struktur und äußerliche Merkmale

In diesem Buch wollen wir uns nicht mit den Ausstellungshunden beschäftigen oder damit, wie Sie den perfekten Champion auswählen. Hier sollen dem Leser Grundinformationen über den Körperbau und die Verhaltensweisen des Dobermann Pinschers vermittelt werden.

Das Kupieren der Ohren ist in Deutschland, England, Australien und vielen anderen Ländern verboten. Es erfüllt keinen Zweck, sondern dient lediglich der Schaffung eines bestimmten Aussehens.

Über Geschmack läßt sich bekanntlich streiten, und da die Zuchtstandards sowieso immer wieder geändert werden und von Land zu Land unterschiedlich ausfallen, könnten sie als imaginäres Ideal bezeichnet werden, das einen Hund beschreibt, den es eigentlich gar nicht gibt. Nur weil ein Hund nicht zum Champion geboren ist, kann er dennoch ein wertvolles Familienmitglied sein, wohingegen der teuerste Champion vielleicht so ganz und gar nicht in die betreffende Familie paßt.
Ein Züchter oder an Ausstellungen interessierter Halter wird seinen Hund selbstverständlich entsprechend des Zuchtstandards auswählen. Wer dagegen einen Haushund, Freund und Gefährten sucht, der sollte sich bei der Beurteilung der äußeren Merkmale und der Persönlichkeit eines Dobermann Pinschers an eher praktischen Anhaltspunkten orientieren.
Ursprünglich waren Dobermann Pinscher kleine bis mittelgroße Hunde, doch durch den immer häufigeren Gebrauch als Schutzhunde entstand der Wunsch nach einer größeren Schulterhöhe. So wurde durch Selektivzucht aus dem eher kleineren Dobermann Pinscher ein großer Hund. Die meisten Rüden weisen heute eine Schulterhöhe von 68 bis 72 cm auf, die Hündinnen bleiben mit 63 bis 68 cm etwas kleiner. Das Gewicht bewegt sich zwischen 32 und 45 kg, wobei die Idealwerte für Rüden bei 35 bis 40 kg und die der Hündinnen bei 32 bis 34 kg liegen.
Wie es auch bei vielen anderen Rassen der Fall ist, wurde die größere Schulterhöhe beim Dobermann „künstlich" geschaffen, was dazu führte, daß die größeren Exemplare heute oftmals an orthopädischen Gesundheitsproblemen leiden, die ursprünglich nur von den natürlich großen Rassen bekannt waren oder die zumindest anfälliger für solche

... und denken Sie dran

Das Wesen Ihres Welpen muß sich durch Aufmerksamkeit, Neugier und Verspieltheit auszeichnen. Ängstlichkeit, Schreckhaftigkeit oder Aggressivität sind Anzeichen für sich anbahnende Verhaltensstörungen.

Probleme sind als die kleineren Vertreter der Rasse. Zu diesen Erkrankungen zählen sowohl die Ellbogen- und Hüftgelenksdysplasie als auch Herzkrankheiten wie die erweiterte Herzmuskelschwäche. Anhand von DNA-Untersuchungen wird derzeit versucht, Antworten auf die Fragen über die Verbindung solcher Krankheiten mit der Körpergröße und deren genetische Grundlagen zu finden.
Dobermannwelpen besitzen jagdhundähnliche Hängeohren und lange, schlanke Schwänze, zumindest so lange, bis diese durch die „Schönheitschirurgie" zu Stummelschwänzen gestutzt wurden. Der gestutzte Schwanz ist jedoch weder ein Zeichen für Rassereinheit noch hat er einen Einfluß auf die Gesundheit oder den Charakter des Hundes. Es han-

Der Dobermann Pinscher ist aufgeweckt, intelligent, schön und kräftig. Alle diese Eigenschaften machen ihn zu einem idealen Familien-, Begleit- und Gebrauchshund.

delt sich einzig und allein um ein imaginäres Schönheitsideal, das genau genommen keinen Zweck erfüllt und somit völlig unnötig ist. Züchter und Tierhalter haben sich schon längere Zeit dagegen gewehrt und seit dem 1.6.99 ist es nun verboten. Der Schwanz wurde im Alter von drei Tagen gestutzt. Zum selben Zeitpunkt können auch die Wolfskrallen entfernt werden, was einerseits auch wieder dem eleganten Erscheinungsbild zugute kommt, andererseits aber auch einen Zweck erfüllt. Diese Wolfskrallen können sowohl für den Hund als auch für den Halter eine Verletzungsgefahr darstellen, weshalb es durchaus ratsam ist, sie entfernen zu lassen.

Die Färbung des Dobermann Pinschers ist genetisch bedingt. Abhängig von der Farbe der Elterntiere können die Welpen schwarz, dunkelbraun, blau oder falbenfarben sein.
Besitzer: Marion Muirhead

Fellfarbe, -beschaffenheit, und -pflege

Nach dem deutschen Zuchtstandard sind drei Fellfarben beim Dobermann zulässig – Schwarz, Dunkelbraun und alle mit rostroten Abzeichen. Das Haarkleid ist generell kurz und glatt, also pflegeleicht. Da die Rasse eine Tendenz zu trockener Haut zeigt, ist der Gebrauch von speziellen, feuchtigkeitspendenden Shampoos zu empfehlen. Zu häufiges Baden kann jedoch auch zu trockener Haut führen. Sich in der Pubertät befindende Hunde neigen oft zur Entwicklung von Akne, die sich meistens im Kinnbereich manifestiert und mit medizinischen Shampoos, speziellen Gesichtswassern und Hautgels behandelt werden kann. Fragen Sie hierzu Ihrem Tierarzt.

Die normalen Grundfarben des Dobermann Pinschers sind schwarz und dunkel- oder rotbraun. Die Blaufärbung ist nicht zulässig. Obwohl das Fell auch bei den blauen Dobermann Pinschern im Welpenalter völlig normal erscheint, wird man kaum auf ein Exemplar treffen, das im Alter von sechs Jahren noch ein vollständiges Haarkleid besitzt. Diesen Zustand bezeichnet man als Farbmutations-Alopezie, denn das für die interessante Farbe verantwortliche Abschwächungsgen „d" ist gleichzeitig der Auslöser für den letztendlichen Haarausfall, die Alopezie. Die geschädigten Haarfollikel stellen früher oder später die Produktion von normalen Haaren ein, was in zeitaufwendigen und teuren Konsultationen von Spezialisten, der Ver-

Hier eine Kombinationstabelle zu den unterschiedlichen Farbgebungen des Dobermann Pinschers

Phänotyp Farbe	Genotyp Genkombination			
Schwarz	BBDD	BbDD	BBDd	BbDd
Blau	BBdd	Bbdd		
Braun	bbDD	bbDd		
Falbe	bbdd			

abreichung von speziellen Nährstoffanreicherungen des Futters und Behandlungen der Haut gegen eine unheilbare Erkrankung resultiert. Wer sich das alles gerne ersparen möchte, der sollte die Finger von einem blauen Dobermann lassen. Dasselbe gilt für eine andere Fehlfarbe, die als Falbe oder auch als „Isabella“ bezeichnet wird.

Die Genetik der Fellfarben ist beim Dobermann relativ einfach zu verstehen. Sie wird von zwei unterschiedlichen Genen gesteuert. Das eine ist für eine schwarze oder dunkelbraune Grundfarbe zuständig, wobei Schwarz dominant ist. Das andere entscheidet, ob es zu einer Farbabschwächung kommt oder nicht, wobei die unabgeschwächte Farbe generell dominant ist. Ein abgeschwächtes Schwarz wird auf diese Weise zu Blau, und Dunkelbraun wird zu Falbenfarben. Mit Hilfe einiger einfacher Grundregeln kann auch ein Nicht-Genetiker verstehen, wie die Färbungen innerhalb der Rasse zustande kommen. Jeder Welpe erhält seine Gene zu gleichen Teilen von beiden Elterntieren. Schwarz ist generell dominant und wird mit einem großen B gekennzeichnet. Ein kleines b steht für Dunkelbraun und ist rezessiv – es ist also die Kombination „bb“ benötigt, damit es zu einer dunkelbraunen Färbung kommt. Da Schwarz dominant ist, wird jeder Welpe mit der Genkombination BB oder Bb schwarz gefärbt sein. Nur wenn der Welpe Träger der rezessiven Genkombination bb ist, wird seine Fellfarbe dunkel- oder rotbraun sein. Anhand dieser Beispiele können Sie bereits beim Anblick eines Dobermann Pinschers erkennen, ob er Träger der BB- oder Bb-Kombination ist – in beiden Fällen ist sein Fell schwarz.

Dadurch wird auch der Unterschied zwischen Genotyp und Phänotyp deutlich. Der Begriff Genotyp bezieht sich auf die unsichtbare Genkombination – BB, Bb, bb. Als Phänotyp bezeichnet man das sichtbare Ergebnis aus diesen Genkombinationen – die Farben Schwarz, Dunkelbraun usw. Wenn also aus einer Verpaarung von zwei schwarzen Dobermann Pinschern dunkelbraune Welpen hervorgehen, dann ist es so gut wie sicher, daß beide Elterntiere Träger der Bb-Kombination sind, da ein rezessives Gen stets von beiden Eltern vererbt werden muß, um sichtbar zu werden. Verpaart man einen dunkelbraunen Dobermann (bb) mit einem schwarzen (BB oder Bb), dann sind alle Welpen entweder schwarz (Bb) oder dunkelbraun (bb).

Wie kommt es nun aber zu blauen und falbenfarbenen Dobermann Pinschern? Die Grundlagen der Genetik sind hierbei identisch. Die Elterntiere vererben nicht nur „B“ oder „b“ an ihre Welpen, sondern auch das Abschwächungsgen „D“. Die unabgeschwächten Farben Schwarz und Dunkelbraun sind den abgeschwächten rezessiven (d) Farben Blau und Falbe gegenüber dominant (D). Hunde mit den Genkombinationen DD und Dd zeigen daher unabgeschwächte Farben, während die Träger von dd abgeschwächte Gene vorweisen. Daraus ist zu folgern, daß ein schwarzer Dobermann (BB oder Bb) auch Träger der Abschwächungsgene DD oder Dd ist. Besitzt er zwei Abschwächungsgene (dd), so wird aus dem schwarzen Tier ein blaues. Ein dunkelbraunes Exemplar (bb) muß ebenfalls über die Gene DD oder Dd verfügen, denn bei der Kombination bbdd wird er zum Falben. Die Falben sind Träger beider rezessiver Genkombinationen, was bei der Verpaarung von zwei solchen Exemplaren zu ausschließlich falbenfarbenen Welpen führt.

Verhalten und Persönlichkeit des aktiven Dobermann Pinschers

Das Verhalten und die Persönlichkeit sind zwei Faktoren, die selbst innerhalb einer Rasse nur schwer standardisiert werden können. Der deutsche Rassestandard verlangt einen Dobermann, der voll Energie, wachsam, anpassungsfähig, aufmerksam, furchtlos, treu und gehorsam sowie weder scheu noch aggressiv ist. All diese Merkmale werden im Übrigen auch bei jeder anderen Rasse sehr geschätzt.
Generell kann gesagt werden, daß die meisten Dobermann Pinscher aufgeweckte und menschenfreundliche Hunde sind. Ihre Loyalität, Anpassungsfähigkeit, Wachsamkeit und Gehorsamkeit machen sie zu idealen Arbeitshunden. Aufgrund ihrer sozialen Natur lieben sie die Arbeit mit dem Menschen. Sie wollen nicht im Hinterhof an die Kette gelegt werden, sondern mit Menschen zusammen und ihnen nützlich sein.

... und denken Sie dran

Achten Sie stets darauf, daß das Fell des ausgewählten Welpen gesund aussieht. Es muß glänzen und am Körper anliegen, darf jedoch niemals stumpf oder struppig wirken. Kahle Stellen weisen auf Hauterkrankungen hin.

Ob ein Hund schüchtern oder unberechenbar ist, hat nicht nur mit seiner Genetik, sondern auch mit der Art seiner Ausbildung und der Form der Sozialisierung zu tun, die man dem Tier angedeihen läßt. Das Verhalten und die Persönlichkeit eines Hundes sind wichtige Faktoren – beim Dobermann Pinscher kann man auf alle möglichen Extreme stoßen. Wie bereits erwähnt, waren die frühen Dobermann Pinscher sehr aggressive Tiere und eigneten sich folglich nicht gut als Haushunde – sie wurden als Schutzhunde gezüchtet. Zwischen diesen und den heutigen Vertretern der

Der Dobermann soll voll Energie wachsam, anpassungsfähig, aufmerksam, furchtlos, treu und gehorsam sowie weder scheu noch aggressiv sein.
Foto: Archiv bede-Verlag

Rasse scheinen Welten zu liegen, und letztere haben mit ihren Vorfahren eigentlich kaum noch etwas gemeinsam. Ganz im Gegenteil hört man gelegentlich, daß sich Halter von Dobermann Pinschern über die Schüchternheit und Ängstlichkeit ihrer Hunde beschweren und sie als „Memmen" bezeichnen. Auch hört man hier und da von Verhaltensspezialisten, daß Dobermänner den Großteil ihrer Patienten repräsentierten – nicht etwa wegen eines ungewöhnlich aggressiven, sondern eher wegen eines neurotischen Zwangsverhaltens. Generell ist der ideale Dobermann jedoch weder aggressiv noch neurotisch, sondern einfach ein liebenswertes Familienmitglied mit einem ausgeprägten Selbstwertgefühl, das seinen Platz im „Rudel" anstandslos akzeptiert. Dabei ist der Dobermann ein kräftiger Hund, der ohne die nötige Erziehung in der

Wohnung großen Schaden anrichten kann. Aus diesem Grunde ist es ratsam, bereits bei der Auswahl des Welpen auf eventuell vorhandene Anzeichen für die Entwicklung von Verhaltensstörungen zu achten. Jeder Dobermann sollte in einer entsprechenden Hundeschule im Gehorsam unterrichtet werden, denn wie alle anderen Hunderassen besitzt auch der Dobermann ein gewisses Potential zur Unberechenbarkeit, das nur durch Erziehung und eine feste Führung unterdrückt werden kann. Ein Dobermann muß lernen, wo die Grenzen zu einem unakzeptablen Verhalten liegen, denn nur so werden Sie als Halter Kontrolle über Ihren Hund haben. Ein liebevoll gepflegter und mit fester Hand geführter Hund ist in jedem Fall ein wertvolles Familienmitglied.

Wie viele andere Hunde liebt auch der Dobermann Pinscher das Faulenzen auf der Couch, im Bett oder an einem anderen gemütlichen Platz. Andererseits ist er nach wie vor ein Arbeitshund, der eine Aufgabe braucht und die Abwechslung liebt. Sie müssen Ihren Dobermann zwar nicht täglich stundenlang spazierenführen, jedoch möchte er gerne an möglichst allen Familienaktivitäten teilhaben. Sie sollten einen Welpen allerdings nicht unkontrolliert herumtollen und –rennen lassen, denn dadurch kann das Risiko zur Entwicklung von orthopädischen Krankheiten erhöht werden.

Als Halter eines Dobermann Pinschers steht Ihnen eine große Auswahl an

... und denken Sie dran

Egal ob Sie nun einen Dobermann als Haushund oder zum Züchten suchen, achten Sie stets darauf, daß Sie vom Züchter einen Gesundheitspaß für Ihren Welpen bekommen. Wählen Sie nur einen Welpen aus einer Zuchtlinie, die nachweislich frei von genetisch bedingten Krankheiten ist.

gemeinsamen Aktivitäten und Trainingsarten zur Verfügung. Diese Hunde sind nicht nur geeignete Gesellschafter bei Spaziergängen und beim Joggen, sie sind darüberhinaus auch exzellente Begleithunde für Behinderte und sehr gut für die Ausbildung zu anderen sozialen Aufgaben geeignet. Der treue und liebende Dobermann wird mit Hilfe des geeigneten Trainings seinem Halter auch jederzeit ein zuverlässiger Beschützer sein. Dieser Umstand hat allerdings nicht das Geringste mit Aggressivität und Unberechenbarkeit zu tun.

Wenn Sie gerne mit Ihrem Dobermann tiefer in den Hundesport einsteigen wollen und vielleicht auch in der einen oder anderen Disziplin an Wettbewerben teilnehmen möchten, dann ist zu folgenden Trainingsarten zu raten – Gehorsamstraining, Training für Ausstellungshunde, Begleithundtraining, Jagdhundtraining, Spürhundtraining, Hütehundtraining und Schutzhundtraining.

Was Sie wissen müssen, um den perfekten Dobermann zu finden

Den besten Dobermann Pinscher finden Sie nicht durch Zufall und auch nicht ohne das nötige Hintergrundwissen darüber, worauf Sie bei der Auswahl ganz besonders achten sollten. Die Erfahrung, einen Hund mit genetisch bedingten Gesundheitsproblemen oder Verhaltensstörungen erworben zu haben, macht meistens jener, der seinen Welpen impulsiv und rein nach dessen äußerem Erscheinungsbild ausgewählt hat, ohne dabei zu beachten, auf was es wirklich ankommt.

Die nächsten Seiten dieses Buches sollen Ihnen, dem interessierten zukünftigen Besitzer eines Dobermann Pinschers, eine nützliche Hilfe bei der richtigen Auswahl Ihres neuen Gefährten sein.

... und denken Sie dran

Lassen Sie sich niemals von anderen zum Kauf eines bestimmten Welpen überreden, wenn Sie nicht selbst der Meinung sind, daß dieser auch Ihrer persönlichen Wahl entspricht. Geschmäcker sind nun einmal verschieden, und von der Richtigkeit Ihrer Wahl muß niemand außer Ihnen selbst überzeugt sein.

Kürzlich wurde eine Studie durchgeführt, um zu ergründen, ob die Schwere und Häufigkeit von Haltungsproblemen eventuell im Zusammenhang damit stehen, ob das Tier aus dem Tierhandel, von einem Züchter, privaten Vorbesitzer oder aus einem Tierheim stammt. Überraschenderweise konnten dabei keine auffälligen Unterschiede in der Häufigkeit auftretender Probleme festgestellt werden, dafür erwiesen sich jedoch ganz spezifische Schwierigkeiten als stark von der Bezugsquelle abhängig. Somit können Sie sich genau genommen auf keine dieser Bezugsadressen hundertprozentig verlassen, denn es gibt einfach keine Standards, an die sich Ihr Urteilsvermögen generell halten kann.
Die meisten Tierärzte werden zum Kauf bei einem „guten" Züchter raten, doch gibt es keinen sicheren Weg, einen solchen einwandfrei unter vielen herauszufinden, es sei denn, Sie haben bereits persönliche Erfahrungen auf diesem Gebiet gesammelt. Die Tatsache, daß ein Züchter bereits einen oder mehrere Champions hervorgebracht hat, ist noch lange keine Garantie dafür, daß er nicht auch hier und da Tiere mit genetischen Defekten unter seinen Welpen hat.
Die beste Quelle ist daher die, bei der regelmäßig genetische Untersuchungen an den Eltern und Welpen durchgeführt werden und deren Dokumentation der Käufer einsehen kann. Wer einen Familien- oder Haushund sucht, der sollte sich keine Gedanken darüber machen, ob der erwählte Welpe Ausstellungsqualitäten

Die Auswahl des perfekten Dobermann Pinschers gelingt nur mit viel Geduld, Zeit, Hintergrundwissen und Vernunft. Lassen Sie sich niemals zu einem impulsiven Kauf hinreißen.

Auf der Suche nach einem Dobermannwelpen als Haushund sollten Sie sich auf das Wesentliche konzentrieren. Ein oder zwei kleine Makel, die das Tier von Ausstellungen disqualifizieren mögen, haben keinen Einfluß auf seine Eignung als liebenswertes und gesundes Haustier.

Dobermannwelpen haben jagdhundähnliche Hängeohren. Kupierte Ohren sind kein Zeichen für Rassereinheit, sondern ein fragwürdiges Schönheitsideal.

besitzt. Ein kleiner Makel hier oder da, der das Tier als einen Ausstellungsgewinner disqualifizieren würde, hat keinerlei Einfluß auf dessen Eignung zu einem liebenswerten und gesunden Haushund. Außerdem werden viele in Privathand befindliche Hündinnen sowieso sterilisiert und nicht zur Zucht verwendet. Sie sollten sich also eher auf die Merkmale konzentrieren, die für Sie persönlich die wichtigsten sind.

Was braucht ein Dobermann?

Bevor Sie sich zum Kauf eines Dobermann Pinschers aus guter Quelle entscheiden, sollten Sie sich bereits einige Gedanken darüber gemacht haben, was Ihr neuer Hausgenosse alles benötigt, um sich richtig wohl zu fühlen. Der Dobermann als großer Hund stellt nicht zu unterschätzende Platzansprüche. Neben dem regelmäßigen Auslauf mit Ihnen im Freien braucht er auch eine gewisse Bewegungsfreiheit in der Wohnung, also einen Teil eines Raums, in dem er ausgelassen spielen kann. Außerdem wird ein fester Schlafplatz benötigt, wo sich der Hund sicher fühlt und den er jederzeit aufsuchen kann. Hier wird auch das Hundebett plaziert, das zum Einen der Größe des Hundes angepaßt sein muß und zum Anderen eine herausnehmbare, waschbare Unterlage haben sollte. Der Fachhandel bietet in dieser Hinsicht eine reichhaltige Auswahl verschiedenster Formen und Materialien an.

Neben dem festen Schlafplatz sollte dem Tier auch ein permanenter Freßplatz eingerichtet werden, beispielsweise in der Küche. Hier haben Freß- und Wassernapf ihre festen Plätze; beide sollten aus einem leicht zu reinigenden Material bestehen und rutschfest sein. Der Wassernapf muß dem Hund unbedingt jederzeit zugänglich sein. Es empfiehlt sich, für den Dobermann große Näpfe auszuwählen, damit beim Fressen nicht so viel daneben fällt.

Natürlich gehören auch ein Halsband und eine Leine zur Grundausstattung Ihres Hundes. Beide müssen ebenfalls der Größe des Tiers entsprechen und aus Leder oder einem reißfesten Textilmaterial sein. Für viele große Hunde wie den Dobermann ist allerdings eher zu einem Kettenhalsband mit unbegrenzter Zugwirkung zu raten, denn es erleichtert Ihnen die Kontrolle des Hundes bei der Leinenführung. Leder- oder Textilhalsbänder sind jedoch ebensogut geeignet. Das Halsband darf keinesfalls zu eng sein, sollte jedoch auch nicht so weit sein, daß der Hund es mit den Pfoten abstreifen kann. Kettenhalsbänder sind

... und denken Sie dran

Ein Leder- oder Textilhalsband hat die richtige Größe, wenn Sie ihre Finger bequem unter das Halsband schieben können, dabei jedoch nicht in der Lage sind, es im geschlossenen Zustand über den Hinterkopf und die Ohren des Hundes zu ziehen. Ein Halskette ist groß genug, wenn vier Finger einer Hand hochkant zwischen Kette und Hals des Hundes passen.

generell in der Wohnung oder beim Spielen im Garten abzunehmen, denn sie bergen die Gefahr, daß der Hund damit an Gegenständen hängen bleibt und sich bei dem Versuch, sich zu befreien, selbst stranguliert.

Nicht zuletzt braucht Ihr Dobermann etwas, womit er sich beschäftigen kann – Spielzeug. Wenn Sie verhindern wollen, daß sich Ihr Hund an Möbeln, Teppichen, Kleidungsstücken oder dem Spielzeug Ihrer Kinder vergreift, dann sollten Sie ihm sein eigenes Spielzeug zur Verfügung stellen. Auch hier bietet der Fachhandel eine große Auswahl an, die den Kunden vor die Qual der Wahl stellt. Die wichtigsten Punkte bei der Entscheidung für ein Spielzeug sind jedoch die, daß es groß genug sein muß, um nicht verschluckt werden zu können, andererseits aber auch nicht zu groß oder zu schwer sein darf. Das Spielzeug muß unbedingt aus einem gesundheitlich unbedenklichen Material hergestellt sein, das nicht zerbrechen kann und keine spitzen oder scharfen Kanten hat oder das Wohlergehen des Hundes in anderer Weise gefährdet.

Das Wichtigste aber ist, daß Sie dem Dobermann die notwendige Zeit und Aufmerksamkeit widmen können, die er verlangt. Regelmäßige Spaziergänge und anderweitige Bewegung im Freien sind ausgesprochen wichtig. Es reicht keinesfalls aus, ihn nur hin und wieder an die nächste Straßenecke zu führen, an der er sein „Geschäft" erledigen kann. Ein Hund von der Größe eines Dobermann Pinschers braucht tägliche Bewegung im Freien.

Medizinische Untersuchung

Ob Sie sich nun an einen Züchter, ein Tierheim oder den Tierfachhandel wenden, die Zielsetzung muß stets dieselbe sein: Sie möchten einen Dobermann Pinscher finden, der gut in die Familie paßt, und der auf medizinische und verhaltensbedingte Probleme untersucht werden kann, bevor Sie sich endgültig für ihn entscheiden. Wenn der betreffende Verkäufer solche Untersuchungsergebnisse nicht vorweisen kann, dann sollten Sie sich in keinem Fall auf keine Gesundheitsgarantie in schriftlicher Form einlassen. Im Normalfall wird ein seriöser Züchter die zum Tier gehörenden Zuchtpapieren aushändigen, ohne daß der Käufer erst dreimal darum bitten muß. Aber auch jeder andere, der Welpen zum Verkauf anbietet, darf gewöhnlich nichts

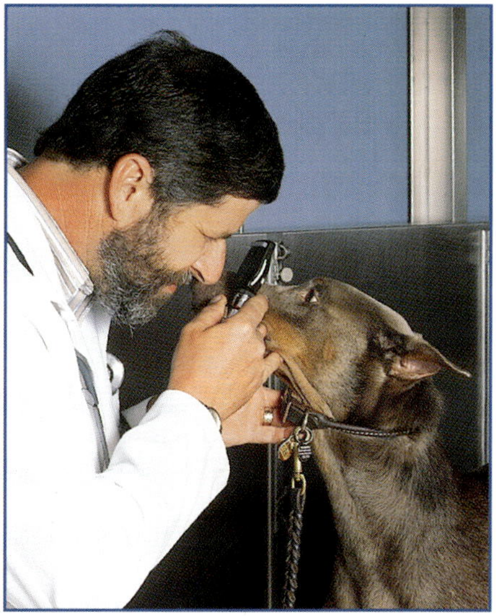

Sobald Sie sich für einen Dobermann entschieden haben, sollten Sie ihn baldmöglichst Ihrem Tierarzt vorführen, damit sich dieser von seinem einwandfreien Gesundheitszustand überzeugen kann. Besitzer: Stacy C. Perry

dagegen haben, wenn Sie das Tier erst einem Tierarzt vorführen möchten, bevor Sie sich letztendlich zum Kauf entschließen. Werden Ihnen die Papiere oder die Möglichkeit zu einem Gesundheitstest verweigert, dann sollten Sie besser doch gleich nach einer anderen Quelle Ausschau halten.

In jedem Fall sollten Sie, auch wenn Sie alle nötigen Unterlagen erhalten und sich bereits zum Kauf entschieden haben, nicht auf einen baldigen Besuch beim Tierarzt verzichten – dadurch ersparen Sie sich unter Umständen eine spätere Enttäuschung. Sollte aus welchen Gründen auch immer ein Umtausch nötig sein, so muß er innerhalb von ein bis zwei Wochen stattfinden. Selbst ein guter und seriöser Züchter wird ansonsten nicht darauf eingehen.

Der Begriff „Reinrassig" wird oft einfach dahingehend interpretiert, daß keine andere Rasse in die Zuchtlinie eingekreuzt wurde. Er zeichnet sich jedoch auch dadurch aus, daß keine oder zumindest keine eng miteinander verwandten Tiere derselben Rasse verpaart wurden, wie z. B. der Vater mit der Tochter oder die Mutter mit dem Sohn sowie Geschwister untereinander. Ein zuverlässiger Züchter händigt dem Käufer gewöhnlich mit den Zuchtpapieren einen Stammbaum aus. Diese Ahnentafel gibt dem Käufer Auskunft über die Abstammung seines Hundes und reicht gewöhnlich vier Generationen zurück. Desweiteren sind dem Stammbaum das Wurfdatum, die Zuchtbuchnummer, das Geschlecht, die Daten der Elterntiere, Großeltern und so weiter zu entnehmen. Bei Hunden aus den Zuchtverbänden angeschlossenen Zuchten, welche die Anerkennung der FCI besitzen, findet sich auch die Abkürzung FCI und die des Landesverbandes (für Deutschland VDH). Wer daran interessiert ist, seinen Hund auf Ausstellungen vorzuführen, muß unbedingt darauf achten, daß diese Abkürzungen, oder zumindest eine davon, aus der Ahnentafel ersichtlich sind, denn nur dann wird der Hund zu Ausstellungen zugelassen.

Dieser scheue Welpe versteckt sich unterm Bett. Verhaltenstests sind eine hilfreiche Maßnahme zur Erkennung von eventuellen Verhaltensstörungen. Besitzer: Nanci Kelley

Der Eintrag HD besagt, daß die Zuchtlinie frei von Hüftgelenksdysplasie ist. HD-Untersuchungen beginnen in Deutschland bei HD-I und enden bei HD-V. Eine entsprechende Röntgenuntersuchung, die der Züchter bei neuen Zuchttieren durchführen läßt, ist allerdings nur bei bereits ausgewachsenen Hunden sinnvoll, und die entsprechende Eintragung kann erst bei Tieren ab einem Alter von einem Jahr vorgenommen werden. Heute gibt es bereits eine noch zuverlässigere Untersuchungsmethode in Form eines DNA-Tests, der auch bei jüngeren Hunden durchgeführt werden kann. Leider ist das bisher allerdings nur in bestimmten, speziell dafür ausgestatteten Instituten möglich und derzeit noch so kostspielig, daß sich nur wenige Züchter eine solche Untersuchung leisten.

innerhalb seines Zuchtstamms bekannt sind, ist nicht akzeptabel und trifft eigentlich nur eine eindeutige Aussage – nämlich die, daß der betreffende Züchter diese Frage nicht mit Gewißheit beantworten kann, der Käufer somit auf eine Garantie verzichten muß und besser beraten ist, sich an einen anderen Züchter zu wenden. Nur HD-I und HD-II Hunde sind zur Zucht zugelassen.

Jeder Dobermann, der zur Zucht vorgesehen ist, muß vorher auf Anzeichen für genetisch bedingte Augenkrankheiten getestet werden. Derart erkrankte Hunde und deren enge Verwandte werden von der Zucht ausgeschlossen.

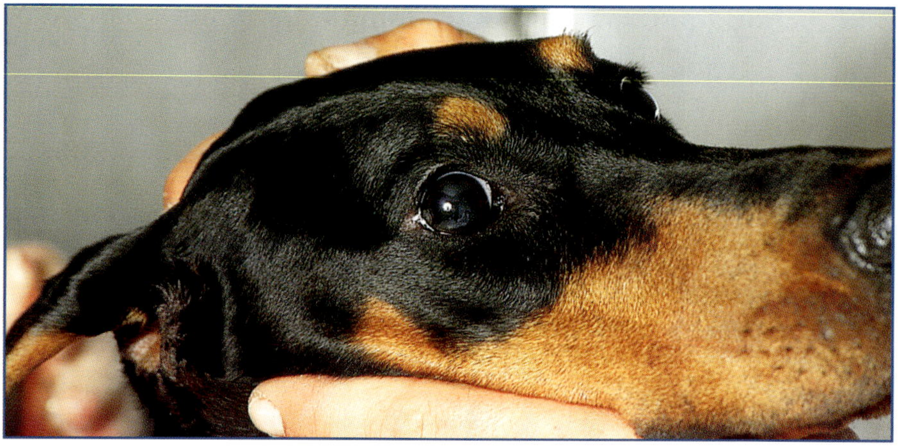

Obwohl beim Dobermann Pinscher Fälle dieser Art von orthopädischen Problemen stark zurückgegangen sind, so ist die Rasse doch nicht absolut frei davon. Deshalb ist es das Bestreben verantwortungsbewußter Züchter, durch vorsorgliche Untersuchungen und Tests sicherzustellen, daß es nicht durch das Züchten mit diesbezüglich vorbelasteten Hunden zu einer Häufung von Deformationen kommt. Eine mündliche Versicherung, daß keine Fälle von Hüft- oder Ellbogengelenksdysplasie

Dobermann Pinscher sollten außerdem auf die Von Willebrand-Krankheit hin untersucht werden, die in Deutschland allerdings selten auftritt. Hierfür ist ein einfacher Bluttest ausreichend, und gerade weil die Krankheit innerhalb der Rasse besonders häufig auftritt, gibt es keine Entschuldigung dafür, wenn der Züchter diese Vorsorgeuntersuchung vernachlässigt.

Bei Junghunden, die älter als ein Jahr sind, kann eine umfassende Blutuntersuchung zur Feststellung des allgemei-

nen Gesundheitszustands durchgeführt werden. Gleichzeitig ist zu einem Urin- und Kottest zu raten. Bei Anzeichen für Haarausfall sollte auch auf Räude untersucht werden.
Der Tierarzt sollte außerdem eine gründliche Augenuntersuchung durchführen. Die häufigsten Augenerkrankungen bei Dobermann Pinschern sind Grauer Star, chronischer Nickhautvorfall und Netzhautdysplasie. Es ist ratsam, sich für einen Welpen zu entscheiden, dessen beiden Elternteile auf vererbbare Augenkrankheiten hin untersucht und als „sauber“ erklärt wurden. Auch hierbei sollten Sie sich besser auf eine schriftliche Bestätigung als auf eine mündliche Aussage verlassen.

Verhaltenstests

Medizinische Untersuchungen sind wichtig, jedoch dürfen Sie darüber keinesfalls das Temperament eines Hundes vergessen. Es werden jährlich mehr Hunde aufgrund von Verhaltensstörungen eingeschläfert als infolge physischer Gesundheitsprobleme. Verhaltenstests sind daher ein wichtiger, wenn auch nicht unfehlbarer Bestandteil der Grunduntersuchung. Die Begründung dafür liegt in der Tatsache verborgen, daß viele Hunde letztendlich getötet werden müssen, weil sie plötzlich ein unberechenbares Verhalten zeigen. Obwohl nicht alle Verhaltensanlagen bereits beim Welpen erkennbar sein müssen – eine Neigung zur Aggressivität braucht beispielsweise oftmals viele Monate, um sich zu entwickeln –, können nervöse oder ängstliche Welpen meistens schon sehr früh erkannt und somit gemieden werden. Die korrekte Identifizierung solcherlei Anzeichen ist deshalb bei der Auswahl eines Tiers von großer Wichtigkeit.

... und denken Sie dran

Die meisten Welpen werden in einem Alter zwischen sechs und acht Wochen zum Verkauf freigegeben. Achten Sie unbedingt darauf, daß Sie einen Impfpaß ausgehändigt bekommen, in dem die dem Alter des Hundes entsprechenden, bereits verabreichten Impfungen eingetragen sind. So erhalten Sie einen Überblick darüber, welche Impfungen der Welpe noch und wann erhalten muß.

Die am deutlichsten erkennbaren Anzeichen für Verhaltensstörungen bei Welpen sind Angst, leichte Erregbarkeit, eine niedrige Schmerzschwelle, extreme Unterwürfigkeit und eine erhöhte Geräuschempfindlichkeit. Die Bewertung des Temperaments eines Welpen kann bereits im Alter von sieben bis acht Wochen relativ zuverlässig erfolgen. Einige Verhaltensforscher, Züchter und Hundetrainer raten zu einer objektiven Verhaltenstestreihe, bei der das Tier in verschiedenen Kategorien bewertet wird. Andere stehen diesen Tests eher gleichgültig gegenüber, da auch sie eigentlich nur grobe Anhaltspunkte liefern.
Generell wird ein solcher Test in drei Phasen und von einer Person durchgeführt, die dem Welpen unbekannt ist. Die Untersuchung darf jedoch nicht inner-

Die Bewertung des Temperaments eines Welpen kann im Alter von sieben bis acht Wochen ziemlich zuverlässig erfolgen. Es gibt spezielle Verhaltenstests, die allerdings nur grobe Anhaltspunkte geben können. Foto: Robert Smith

halb von 72 Stunden nach einer Impfung oder einer Operation stattfinden. Zuerst wird der Welpe in der Gruppe beobachtet und gehandhabt, um so sein Sozialverhalten zu testen. Werden dabei offensichtliche Anzeichen für ein gestörtes Sozialverhalten entdeckt – Schüchternheit, Hyperaktivität oder unkontrolliertes Beißen – dann ist das Tier wahrscheinlich ungeeignet. Anschließend wird der Welpe von seinen Eltern und Geschwistern getrennt und beobachtet, wie er reagiert, wenn mit ihm gespielt und er beim Namen gerufen wird. In der

Um zu verhindern, daß sich Ihr Dobermann an Möbeln, Teppichen und Kleidungsstücken oder dem Spielzeugt Ihrer Kinder vergreift, sollten Sie ihm sein eigenes Spielzeug bzw. Kauknochen zur Verfügung stellen. Foto: Archiv bede-Verlag

dritten Testkategorie wird er dann auf verschiedene Art stimuliert, und es werden seine Reaktionen verfolgt. Dazu gehören Übungen, wie den Welpen auf die Seite zu legen, das Fell zu bürsten und die Krallen anzufassen, ein vorsichtiger Griff um die Schnauze sowie die Reaktionen auf unbekannte Geräusche.

Bei einer Studie, die in der psychologischen Abteilung der Staatlichen Universität von Colorado durchgeführt wurde, stellte sich heraus, daß in dieser dritten Testphase auch der Herzschlag einen guten Anhaltspunkt bietet. Dazu wird zunächst die Anzahl der Herzschläge im Ruhezustand ermittelt, anschließend werden die Tiere durch ein lautes Geräusch stimuliert und dann wird gemessen, wie lange das Herz bis zum Wiedererreichen der normalen Schlagfolge in Ruhestellung benötigt. Im Durchschnitt erholten sich die Welpen innerhalb von 36 Sekunden von ihrem Schreck. Solche, die erheblich länger brauchten, um sich wieder zu beruhigen, wurden als zur Ängstlichkeit neigend eingestuft.

Die Beurteilung solcher Testreihen findet in numerischer Form statt, wobei

… und denken Sie dran

Bevor Sie sich zum Kauf eines bestimmten Welpen entschließen, bitten Sie den Züchter darum, etwas Zeit mit dem Hund verbringen zu dürfen. Nehmen Sie ihn hoch, spielen Sie mit ihm und beobachten Sie dabei aufmerksam sein Verhalten und seine Reaktionen. Sind Sie mit dem Ergebnis nicht zufrieden, dann schauen Sie sich besser nach einer Alternative um.

meistens elf verschiedene Übungen bewertet werden. Die „1“ wird für besonders hervorzuhebende, positive Reaktionen und Verhaltensweisen vergeben, wohingegen das Bekunden von Desinteresse, Kontaktarmut und Passivität mit der schlechtesten Benotung, der „6“, bedacht werden. Zu den zu testenden Verhaltensweisen gehören das Sozialverhalten gegenüber Menschen, Folgsamkeit, Zurückhaltung, soziale Dominanz, ob und wie sich das Tier durch den Prüfer vom Boden hochnehmen läßt, Apportieren, Berührungsempfindlichkeit, Geräuschempfindlichkeit, Jagdinstinkt sowie der Energiegrad. Obwohl diese Tests keinen zuverlässigen Aufschluß über das tatsächliche Temperament des Welpen geben, liefern sie dennoch wichtige und damit praktisch brauchbare Anhaltspunkte zu bestimmten Verhaltensanlagen. Sie ermöglichen somit auch das Erkennen von Tieren, die zu extremen Verhaltensweisen neigen.

Organisationen, die Sie kennen sollten

Die Rasse des Dobermann Pinschers genießt heute internationale Anerkennung durch folgende Institutionen: FCI (Fédération Cynologique Internationale), AKC (American Kennel Club), UKC (United Kennel Club), TKC (The Kennel Club of Great Britain), CKC (Canadian Kennel Club) und VDH (Verband für das Deutsche Hundewesen e.V.). Die letztgenannte Institution ist der nationale Hundezuchtverband Deutschlands, dem mehr als 140 Rassezuchtvereine angeschlossen sind und der in Dortmund ansässig ist. Er ist außerdem das mitgliederstärkste Mitglied der FCI und verantwortlich für die Führung von Zuchtbüchern, die Organisation von Ausstellungen, Leistungsprüfungen und die Präsentation aller Hunderassen. Allein in Deutschland sind 59 Rassen aus den Zuchten hervorgegangen, und auch in der Gebrauchshundklasse sind deutsche Rassen weltweit führend.

Die FCI ist die Dachorganisation in der Hundezucht und repräsentiert eine Vielzahl von Ländern. Dabei handelt es sich im Besonderen um die Staaten Europas, die gemeingültige Regeln für die Anerkennung der Rassen und die Zucht erlassen haben. Aufgrund der Anerkennung der einzelnen Rassen innerhalb der Mitgliedsländer der FCI umfaßt das dort geführte Register etwa 400 verschiedene Rassen. Jede dieser Rassen konkurriert um diverse internationale Championate.

Verband für das Deutsche Hundewesen e.V. (VDH)
Postfach 104 154
Westfalendamm 174
44141 Dortmund
Tel: 0231-565000

Clubadresse
Dobermann-Verein e.V.
Thorwaldseestr. 29
80335 München

Fédération Cynologique Internationale (FCI)
13 Place Albert I
B - 6530 Thuin/Belgien

Intern. Rasse-Jagd-Gebrauchs-Hunde-Verband e.V.
Pörndorf-Moos 7
94501 Aldersbach

Registrierung von Deutschen Hunden: Haustierzentralregister für Deutschland e.V. TASSO
Postfach 1423
65783 Hattersheim

Deutscher Tierschutzbund
Baumschulallee 15
53115 Bonn

Worüber Sie täglich entscheiden müssen, um einen Dobermann ein Leben lang gesund zu erhalten

Bei der Aufzucht eines gesunden Dobermann Pinschers ist die Ernährung natürlich einer der wichtigsten Punkte. Es handelt sich hierbei jedoch auch um ein vielfach umstrittenes Thema zwischen Züchtern, Tierärzten, Hundehaltern und Hundefutterherstellern. Allerdings haben viele der dabei gebrauchten Argumente einen eher kommerziellen als wissenschaftlichen Hintergrund.
Werfen wir zuerst einen Blick auf die vielen Hundefutterarten und untersuchen dann die Bedürfnisse unserer Hunde. Dieses Kapitel befaßt sich wiederum mehr mit dem Dobermann als „Haushund" und weniger mit dem Ausstellungshund.
Es ist sehr wichtig, darauf hinzuweisen, daß keinesfalls rohes Schweinefleisch an den Dobermann verfüttert werden darf, da hierdurch ein Herpesvirus – in der Fachsprache Aujeszky Krankheit genannt – übertragen werden kann.

Kommerzielles Hundefutter

Für den Hersteller von kommerziellen Futterarten sind zwei Grundfaktoren ausschlaggebend – wie gewinnt man den Verbraucher für das Produkt und erfüllt gleichzeitig die spezifischen Ansprüche der Hunde? Einige Produkte werden wegen ihres hohen Proteingehalts hervorgehoben, andere beinhalten „spezielle Zutaten" und wieder andere verkaufen sich, weil sie eben bestimmte Stoffe nicht enthalten, wie beispielsweise Konservierungsstoffe oder Sojamehl.
Der Verbraucher, also in unserem Fall der Hundehalter, wünscht sich ein Futter, das die speziellen Bedürfnisse seines Hundes deckt, preiswert ist und keine, oder zumindest möglichst wenige unerwünschte Folgeerscheinungen verursacht. Die meisten kommerziellen Arten werden als Trocken-, halbfeuchtes oder in Büchsen abgefülltes Futter angeboten. Das Trockenfutter in Form von Pellets oder Flocken ist das ökonomischste, weist den niedrigsten Fettgehalt auf und ist am längsten haltbar. Büchsenfutter ist vergleichsweise teuer, enthält gewöhnlich neben mindestens 75 % Wasser auch den höchsten Fettanteil und besitzt darüberhinaus, geöffnet, die kürzeste Haltbarkeitsdauer. Halbfeuchte Futterarten sind ebenfalls teuer und aufgrund ihres hohen Zuckergehalts nicht generell für Hunde zu empfehlen.
Beim Kauf von kommerziellen Futtersorten sollte unbedingt darauf geachtet werden, daß nicht nur die Zusammenstellung der enthaltenen Nährstoffe ausgewogen ist, sondern auch darauf, daß diese Zusammenstellung dem Alter und damit den individuellen Bedürfnissen des Hundes entspricht. Alte Hunde benötigen eine andere Nährstoffzusammensetzung als erwachsene, Junghunde oder Welpen. Außerdem sollte dem Aufdruck der Verpackung neben den Hinweisen, für welche Altersstufen das Futter geeignet ist und einer Auf-

Die Ernährung eines Dobermann Pinschers muß seinen Bedürfnissen entsprechen, ökonomisch sein und darf keine Verdauungsprobleme verursachen.

Nach der Entwöhnung sollten Dobermannwelpen mit speziellem Welpenfutter ernährt werden. Ein Nährstoffmangel kann sich in dieser enscheidenden Wachstumsphase verheerend auswirken.

stellung der Inhaltsstoffe nebst deren Nährwerten, auch eine Anleitung zu den Portionierungen zu entnehmen sein – Gewicht des Hundes = Gramm Futter pro Tag.

Die wichtigsten Grundregeln für eine gesunde Ernährung sind abgesehen von der Auswahl des richtigen Futters und dem Verabreichen geeigneter Portionen: kein zu kaltes oder zu heißes Futter, Futterreste sofort aus dem Napf entfernen, sobald der Hund zu fressen aufhört, kein rohes Fleisch verfüttern, ständig frisches Wasser zur Verfügung stellen und Ruhe nach den Mahlzeiten.

Ernährung von Welpen

Kurz nach ihrer Geburt, zumindest jedoch innerhalb von 24 Stunden danach, sollte die Hündin beginnen, ihre Welpen zu säugen. Die Erstmilch (Kolostralmilch) ist stark mit Antikörpern angereichert und bewahrt die Welpen so innerhalb ihrer ersten Lebensmonate vor Infektionskrankheiten. Welpen sollten mindestens sechs Wochen lang gesäugt werden, bevor die endgültige Entwöhnung stattfindet. Mit den ersten Beifütterungen kann bereits im Alter von drei Wochen begonnen werden. Spätestens ab einem Alter von zwei Monaten sollten die Welpen mit speziellem Welpenfutter ernährt werden. Sie befinden sich nun in einem wichtigen Wachstumsalter, weshalb sich ein in dieser Zeit entstehender Nährstoffmangel oder eine Unausgewogenheit stärker niederschlägt und größeren Schaden anrichtet als in jedem anderen Alter. Das heißt mit anderen Worten, Überfütterungen sind genauso zu vermeiden wie Verabreichungen von speziellen Leistungsfutterarten. Das Überfüttern eines Dobermann Pinschers resultiert in Übergewicht, das wiederum ernsthafte Schäden am Knochengerüst wie Osteochondrose und Hüftgelenksdysplasie begünstigen kann.

Das spezielle Welpenfutter sollte bis zu einem Alter von zwölf bis achtzehn Monaten beibehalten werden. Die meisten Dobermann Pinscher werden erst in einem Alter von 18 Monaten erwachsen und profitieren deshalb von einer längeren Ernährung mit diesem speziell auf das Wachstum abgestimmten Welpenfutter. Deshalb ist auch bis zu einem Alter von 18 Monaten zu einer dreimaligen Fütterung pro Tag zu raten.

Dobermann Pinscher werden erst im Alter von 18 Monaten erwachsen und sollten deshalb auch bis dahin mit dem speziellen auf Wachstum abgestimmten Welpenfutter gefüttert werden.
Foto: Archiv bede-Verlag

Ab dem achtzehnten Lebensmonat können die Fütterungen dann auf zwei- oder auch einmal täglich umgestellt werden, wobei zwei Mahlzeiten pro Tag der Vorzug zu geben ist. Zu diesem Zeitpunkt findet auch die Umstellung auf eine Futtersorte für erwachsene Hunde statt, wenn Sie nicht eines finden, daß speziell für Junghunde (1 bis 2 Jahre) gedacht ist. Im Zweifelsfall ist es jedoch das Beste, Ihren Tierarzt nach der richtigen Futterzusammensetzung und -menge zu befragen.
Sie sollten stets daran denken, daß Welpen und Junghunde eine ausgewogene Ernährung brauchen. Sie sollten sich deshalb aber nicht dazu verleiten lassen, dem Futter willkürlich Protein-, Vitamin- oder Mineralstoffgaben beizumischen. Calciumbeigaben haben in zu hohen und zu häufigen Dosierungen, besonders bei größeren Hunderassen, bereits in vielen Fällen zu Knochen- und Knorpeldeformationen geführt. Die kommerziellen Welpenfutter sind generell mit größeren Calciummengen angereichert, weshalb ein zusätzliches Dazufüttern meistens in eine Überdosierung ausartet. Es ist heute mehr als bewiesen, daß ein solches Zuviel des Guten zu schweren Schädigungen beim heranwachsenden Hund führt.

Futter für den erwachsenen Hund

Das Ernährungsziel bei erwachsenen Hunden ist „zu erhalten". Mit anderen Worten ausgedrückt – der Hund hat die Wachstumsphase hinter sich und ist hoffentlich zu einem gesunden und gut gebauten Hund herangewachsen, was

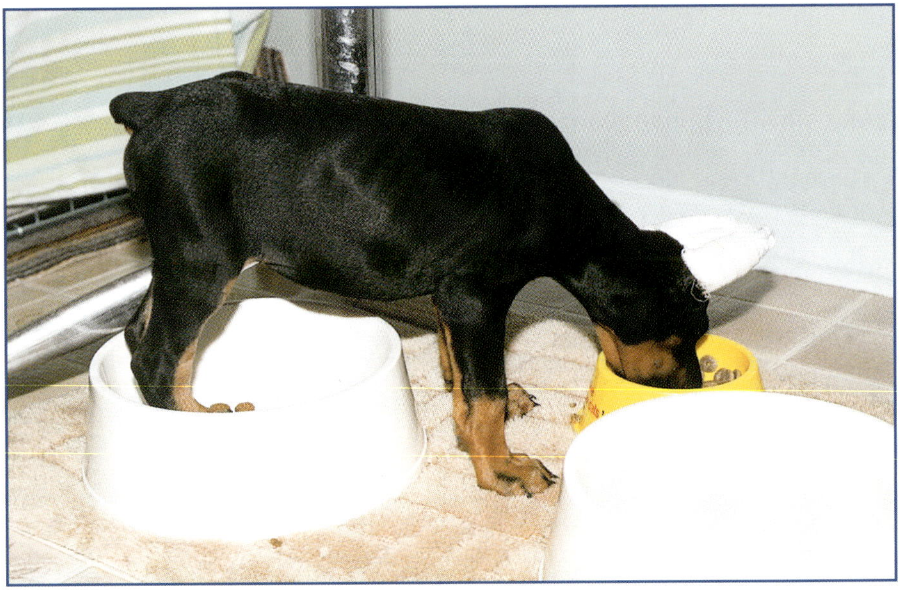

Diese junge Hündin hat beim Säugen nicht genug abbekommen. Im Alter von vier Wochen hat sie zwar etwas an Gewicht gewonnen, jedoch sind die Hüftknochen immer noch deutlich zu sehen.

jedoch nicht heißt, daß er nun mit minderwertigem Futter oder „Küchenabfällen" ernährt werden kann, ohne dabei auf Dauer Schaden zu nehmen. Das Futter muß nach wie vor ausgewogen sein, kann jedoch weniger der speziellen Inhaltsstoffe für ein gesundes Wachstum enthalten. Der Organismus eines erwachsenen Hundes stellt andere Ansprüche als der eines Welpen, was bei der Zusammenstellung von kommerziellen Futterarten vom Hersteller berücksichtigt wird. Wir wollen, daß der gesunde Hund auch gesund erhalten wird und versorgen ihn deshalb mit einem seinen Bedürfnissen angepaßten Futter und seinem Gewicht sowie Aktivitätsgrad entsprechenden Portionen, damit es weder zu einem zu starken Gewichtsabbau noch zu Übergewicht kommt.

Die Tatsache, daß der erwachsene Hund nicht mehr wächst, hat nicht zu bedeuten, daß er deshalb bei einer falschen oder unausgewogenen Ernährung keinen Schaden nimmt. In diesem Fall ist es jedoch so, daß die dadurch auch bei ihm entstehenden Probleme länger im Verborgenen bleiben und, werden sie letztendlich doch bemerkt, nur noch sehr schwer oder überhaupt nicht mehr zu beheben sind. Also, auch bei einem erwachsenen Hund muß auf die Qualität des Futters geachtet werden, um das, was Sie im Welpenalter mit Liebe und Bedacht aufgebaut und erreicht haben, auch weiterhin zu erhalten.

Neben den Futtersorten, die hauptsächlich eine Zusammensetzung aus pflanzlichen und tierischen Stoffen aufweisen, ist gegen eine Ernährung mit Futter auf

Getreidebasis nichts einzuwenden. Ganz im Gegenteil sind diese Futterarten ausgesprochen ökonomisch, und die meisten Hunde profitieren von einem Futter, das sich aus leichtverdaulichen und dennoch nahrhaften Bestandteilen zusammensetzt. Die Preise für solche Futtersorten bewegen sich im Vergleich mit den sehr teuren Super-Premium-Sorten und den sogenannten Billigfutterarten irgendwo in der Mitte. Sie sollten sich jedoch stets weniger am Preis, der Bekanntheit des Herstellernamens oder am Proteingehalt allein, sondern eher an der gesamten Zusammensetzung und daran orientieren, ob das betreffende Futter den Ernährungsansprüchen Ihres Hundes gerecht wird. Im Zweifelsfall fragen Sie am besten Ihren Tierarzt um Rat.

Ansprüche im Alter

Im Alter von etwa sieben Jahren wird der Dobermann als alter Hund bezeichnet. Diese Phase bringt nicht nur ein etwas gezügelteres Temperament, sondern gleichfalls einige andere Veränderungen mit sich, durch die sich auch die Ernährungsansprüche des Hundes verschieben. Wenn Hunde in die Jahre kommen, verändert sich genau wie beim Menschen der Stoffwechsel, das heißt er wird langsamer, und diesem Umstand muß Rechnung getragen werden. Wenn einem älteren Hund die gleichen Portionen wie einem jüngeren verabreicht werden, dann resultiert das durch den verlangsamten Stoffwechsel in einer Gewichtszunahme. Übergewicht ist aber das Letzte, was Sie speziell bei einem älteren Hund wollen, denn dadurch erhöht sich das Risiko für etliche andere Gesundheitsprobleme. Mit zunehmendem Alter verlangsamen sich auch die Funktionen der Organe – das Verdauungssystem, die Leber, Bauchspeicheldrüse und Gallenblase arbeiten nicht mehr wie bei einem jungen Hund. Das Verdauungssystem hat nun schon Probleme damit, all die Nährstoffe aus dem Futter zu extrahieren, und eine langsam voranschreitende Beeinträchtigung der Nierenfunktion ist eine völlig normale Alterserscheinung.

Der Halter eines älteren oder alten Hundes muß in erster Linie verstehen lernen, daß ein bestimmter Grad von körperlicher Degeneration im Alter etwas Normales ist, denn das ist der erste Schritt zu einer altersgerechten Ernährung. Das Ziel liegt darin, den potentiellen Schaden so gering wie möglich zu halten, indem wir das Wissen um die Alterserscheinungen bereits in die Ernährung mit einbeziehen, wenn der Hund noch gesund ist und nicht erst, wenn er bereits an den Folgen einer nicht altersgerechten Ernährung erkrankt ist.

Ältere Hunde müssen individuell behandelt werden. Während einige von den kommerziellen Seniorenhundefutterarten profitieren, bekommen anderen das extrem leichtverdauliche Welpenfutter oder die als Super- Premium bezeichneten Sorten besser. Das letztgenannte Futter beinhaltet eine hervorragende Mischung aus gut verdaulichen Zutaten und Aminosäuren, jedoch weisen einige Sorten leider einen für ältere Hunde zu hohen Salz- und Phosphatgehalt auf.

Ernährungsplan für den gesunden Dobermann Pinscher

Junger Dobermann bis 18 Monate
Erhöhter Bedarf an Rohproteinen, Rohfetten und Calcium/Phosphat; verminderter Bedarf an Kohlehydraten

Aktiver erwachsener Dobermann
Erhöhter Bedarf an Rohproteinen, Rohfetten und Rohfasern; verminderter Bedarf an Kohlehydraten

Übergewichtiger Dobermann
Erhöhter Bedarf an Kohlehydraten und Rohfasern; verminderter Bedarf an Rohfetten und Rohproteinen

Alter Dobermann
Erhöhter Bedarf an Kohlehydraten und Rohfasern; verminderter Bedarf an Rohfetten, Rohproteinen und Phosphat/Natrium

Allergischer Dobermann
Hypoallergene Diät aus Lamm und Reis; kein Soja- und Rindereiweiß, keine Weizenstärke

Ein weiterer Punkt bei älteren Hunden ist die stärkere Anfälligkeit für Arthritis, weshalb Übergewicht unbedingt vermieden werden muß, denn es bedeutet für die Gelenke eine unnötige Belastung. Bei Hunden mit Gelenkschmerzen kann eine Anreicherung des Futters mit Fettsäuren wie einer Mischung aus Cis-Linolensäure, Gamma-Linolensäure und Eicosapentenolsäure Wunder wirken.

Andere Ernährungsansprüche

Es ist wichtig zu verstehen, daß eine falsche oder unausgewogene Ernährung die Entwicklung von orthopädischen Krankheiten wie der Hüftgelenksdysplasie und Osteochondrose begünstigen kann. Bei der Ernährung eines derart gefährdeten Welpen sollte deshalb auf stark kalorienhaltiges Futter verzichtet und besser mehr als dreimal täglich mit kleinen Portionen gefüttert werden. Dadurch können plötzliche Wachstumsprünge verhindert werden, die in einer instabilen Gelenkausbildung resultieren. In jüngster Zeit durchgeführte Untersuchungen haben gezeigt, daß der Elektrolytgehalt im Futter ebenfalls eine

In jüngster Zeit durchgeführte Untersuchungen haben gezeigt, daß der Elektrolytgehalt im Futter bei der Entwicklung von Hüftgelenksdysplasie eine Rolle spielen kann. Foto: Archiv T.F.H.

Rolle bei der Entwicklung von Hüftgelenksdysplasie spielen könnte. Futtersorten mit einem ausgewogeneren Anteil an positiv und negativ geladenen Elementen wie Natrium, Kalium, Chloriden usw., erwiesen sich für Hunde mit der Veranlagung zu Hüftgelenksdysplasie als geeigneter und weniger krankheitsfördernd. Auf Beifütterungen mit Calcium, Phosphat und Vitamin D sollte ebenfalls unbedingt verzichtet werden, denn diese Stoffe beeinträchtigen eine normale Knochen- und Knorpelentwicklung. Der Calciumhaushalt wird im Körper durch Hormone wie Parathormone und Calcitonin sowie Vitamin D reguliert. Zusätzliche zum Futter verabreichte Mengen von Calcium, Phosphat und Vitamin D stören diese natürliche Regulation und können so für Probleme sorgen. Außerdem können zu hohe Calciumbeigaben die Absorbtion von Zink im Verdauungssystem negativ beeinflussen. Wer dennoch nicht auf die Vollständigkeit und Ausgewogenheit von kommerziellen Futtersorten vertraut, sollte mit seinem Tierarzt über Beigaben von Eicosapentenolsäure, Gamma-Linolensäure und Vitamin C sprechen.

Herzkrankheiten bei Hunden können nicht allein durch veränderte Ernährungsweisen verhindert werden, aber dennoch können Sie einiges dazu tun, um das Risiko zu vermindern. Neben der Auswahl eines ausgewogenen und nährstoffreichen Futters, sind bestimmte Nährstoffbeigaben eine wertvolle Hilfe. Einige Rassen, die für eine erweiterte Herzmuskelschwäche anfällig sind, sprechen gut auf die Verabreichung von L-Carnitin-, Taurin- oder Coenzym Q-Gaben an. Obwohl der Dobermann die Rasse mit der höchsten Anfälligkeit für diese Krankheit ist, konnte bisher kein Zusammenhang mit einer bestimmten Ernährungsart nachgewiesen werden. Bis genauere Untersuchungsergebnisse vorliegen, wäre es ratsam, im Alter von zwei Jahren mit der Verabreichung von Coezym Q_{10} zu beginnen. Eine genaue Dosierung für Hunde wurde bisher nicht festgelegt, jedoch verabreichen viele Herzspezialisten eine Menge zwischen 30 und 90 mg pro Tag. Die weichen Gelantinekapseln werden bevorzugt und können oral verabreicht oder geöffnet und der Inhalt dem Futter beigemengt werden. Diese Therapie wirkt sich positiv auf die Herzmuskelfunktion aus und kann die Manifestierung einer klinischen Herzkrankheit bei gefährdeten Hunden hinauszögern.

Bei keiner Futterart kann die Entstehung von Blähungen völlig ausgeschlossen werden, jedoch kann sich eine veränderte Form der Futtergaben positiv auswirken. Blähungen entstehen bei Hunden, wenn der Magen durch verschluckte Luft geweitet wird. Dieses Luftschlucken ist eine Folge von hastigem Fressen oder Trinken, Streß und zu viel Bewegung kurz vor den Mahlzeiten. Dem kann durch drei kleinere Mahlzeiten anstatt einer großen pro Tag Abhilfe geschaffen werden. Außerdem sollten Sie in solchen Fällen das Trockenfutter mit etwas Wasser anweichen, um das Herunterschlingen der Nahrung zu erschweren. Darüberhinaus ist es äußerst wirksam, wenn

Sie Ihren Hund eine Stunde vor und nach der Mahlzeit von Aktivitäten wie Herumrennen und ähnlichem abhalten.

Die vielleicht am häufigsten im Handel angebotenen „Beifutter“ sind Fette. Sie werden unter dem Vorwand angepriesen, daß sie zu einem schöneren und glänzenden Fell beitragen und der Hund dadurch natürlich noch gesünder aussieht. Die einzige Fettsäure, die für diese Zwecke wirklich wichtig ist, wird als Cis-Linolensäure bezeichnet und ist in Leinsamenöl, Sonnenblumenöl und Safranöl enthalten. Getreideöl ist ebenfalls eine brauchbare, jedoch weniger effektive Alternative. Die meisten angebotenen Produkte beinhalten hingegen große Mengen gesättigter und einfach ungesättigter Fettsäuren, die zu einem glänzenden Fell und einer gesunden Haut keinen Beitrag leisten. Für Hunde mit Allergien, Arthritis, hohem Blutdruck und einigen bestimmten Herzkrankheiten, wird der Tierarzt wahrscheinlich andere Fettsäuren als Futterbeigaben verordnen.

Gute Fettprodukte enthalten die wichtigen Fettsäuren Gamma-Linolensäure, Eicosapentenolsäure und Docosahexaenolsäure, die alle auf natürliche Weise entzündungshemmend wirken. Dennoch sollten Sie sich nicht von billigen „Fälschungen“ täuschen lassen, denn nur wenige und vergleichsweise teure Produkte enthalten diese wertvollen Stoffe – die meisten anderen können nicht halten, was der Hersteller verspricht. Der sicherste Weg ist deshalb der, nur solche Produkte zu kaufen, auf deren Verpackung Sie die Namen der zuvor genannten Fettsäuren als verwendete Bestandteile finden.

Zink ist ein sehr wichtiges Mineral für das Immunsystem und zur Heilung von Wunden. Beim Dobermann Pinscher hat es aber außerdem noch einige andere Funktionen. Das Verabreichen von Zink, besonders in der Form von Zinkacetat, unterstützt die Kupferausscheidung des Körpers. Gewöhnlich ist das nicht nötig und auch nicht wünschenswert, jedoch leiden einige Dobermann Pinscher unter einer erblich bedingten Krankheit, die zu Kupferansammlungen in der Leber führt. Das Ergebnis daraus kann in einer chronischen Hepatitis resultieren. Obwohl diese Art von Gelbsucht nicht heilbar ist, können Zinksupplemente als eine sichere und effektive Therapie eingesetzt werden.

. . . und denken Sie dran

Gehen Sie bei der Auswahl des Futters nicht davon aus, daß das teuerste Produkt auch gleichzeitig das Beste ist. Die Qualität eines Futters wird nicht durch den Verkaufspreis, sondern stets durch seine Zusammensetzung bestimmt, die auf das Alter des Hundes und dessen Aktivitätsgrad abgestimmt sein sollte.

Allgemeines zur Erziehung eines Dobermann Pinschers

Über die Erziehung von Hunden gibt es viele unterschiedliche Meinungen. Wird einmal davon abgesehen, daß generell darüber Einigkeit herrscht, daß ein Hund prinzipiell stubenrein sein sollte, gehen die Meinungen über weiterreichende Erziehungsmaßnahmen doch recht weit auseinander. Es gibt Menschen, welche die Einstellung vertreten, daß ein Hund aufgrund seiner Abstammung so etwas wie ein Wildtier sei und erzieherische Maßnahmen durch den Menschen die natürlichen Motivationen des Tiers unterdrücken würden. Andere wieder meinen, daß das Bemühen, einen Hund zu erziehen, keinem anderen Zweck dienen würde als das Tier zu vermenschlichen, weil man zwar mit dem Tier, jedoch nicht mit dessen tierischem Verhalten leben möchte. Dann hört man immer wieder, daß die erzieherischen Maßnahmen vor einem Alter von einem Jahr sinnlos wären, weil der Welpe vorher nicht lernfähig sei.

Wir wollen hier nicht diskutieren, wer die richtige und wer die falsche Meinung vertritt, jedoch sollten wir uns doch in einem Punkt einig sein – ein gewisser Grad an Disziplin und Gehorsamkeit gereicht dem Hund bestimmt nicht zum Schaden und macht noch lange keinen Menschen aus ihm. Und je früher Sie mit der Erziehung beginnen, desto leichter geht das Lernen voran. Schwierig wird es erst dann, wenn sich schlechte und unerwünschte Marotten bereits fest etabliert haben und dem Hund dann wieder aberzogen werden müssen.

Wenn wir von der Grunderziehung des Dobermann Pinschers reden, dann ist damit die Stubenreinheit gemeint, daß er brav an der Leine laufen sollte und sich nicht an Dingen vergreift, die nicht für ihn bestimmt sind. Ein ebenfalls wichtiger Punkt ist die Sozialisierung mit anderen

Geduld und Verständnis sind Voraussetzung für die Erziehung eines Hundes. Je eher Sie mit der Erziehung beginnen, desto besser geht es mit dem Lernen voran. Foto: Robert Smith

Tieren und Menschen. Es wird auch nicht ohne das eine oder andere Kommando gehen, denn Sie werden gewiß wollen, daß Ihr Hund kommt, wenn Sie ihn rufen oder sich hinlegt oder -setzt, wenn Sie ihn dazu auffordern.

Die Erziehung eines Hundes erfordert in erster Linie Geduld und Verständnis. Ein Hund, besonders ein sehr junger, kann das vom Menschen gesprochene Wort nicht verstehen, weiß also erst einmal nichts mit Befehlen wie „Nein“,

„Sitz“, „Aus“ oder „Fuß“ anzufangen. Es ist also Ihre Aufgabe deutlich zu machen, was diese Worte bedeuten. Ein Hund lernt jedoch sehr schnell, positive Reaktionen von negativen zu unterscheiden, und er reagiert sehr gut auf unterschiedliche Stimmlagen und Lautstärken wie auch auf die Körpersprache des Menschen. Es stehen Ihnen also eine ausreichende Menge Hilfsmittel bei der Erziehung Ihres Dobermann Pinschers zur Verfügung.

Ein Welpe hat natürlich noch kein gut ausgeprägtes Langzeitgedächtnis, weshalb es ungeheuer wichtig ist, daß die einzelnen Lernschritte stetig wiederholt werden. Außerdem dürfen die Lektionen nicht zu lange dauern, denn die Konzentrationsspanne eines Welpen ist sehr begrenzt. Die drei wichtigsten Lektionen sind das korrekte „Bei-Fuß-laufen“, das „Kommen“ auf den Ruf des Halters hin und das „Aus“.

Stubenreinheit

Die Erziehung zur Stubenreinheit beginnt damit, daß Sie Ihren Welpen eingehend beobachten. Jeder Welpe zeigt deutlich, daß er nach draußen muß, indem er unruhig hin und her läuft, sich ständig im Kreis dreht, aufgeregt hier und dort auf dem Boden herumschnuppert und das Schwänzchen anhebt. Wann immer Sie ein solches Verhalten beobachten, sowie grundsätzlich nach jeder Mahlzeit und wenn der kleine Hund von einem Schläfchen aufwacht, bringen Sie ihn auf dem schnellsten Weg nach draußen, wo er sich dann erleichtern kann. Ist das geschehen, loben Sie ihn ausgiebig. Das sollten Sie auch dann tun, wenn der Hund während eines Spaziergangs sein Geschäft erledigt.

Kommt es in der Wohnung zu einem „Unfall“ und Sie ertappen Ihren Welpen auf frischer Tat, so erteilen Sie ihm ein strenges „Nein“ und bringen ihn nach draußen. Entdecken Sie das Malheur erst später, ist der Zeitpunkt für einen Tadel bereits verstrichen. Entfernen Sie die „Hinterlassenschaft“ kommentarlos und desinfizieren Sie die Stelle, damit der Welpe nicht durch den Geruch zu einer Wiederholung seiner Schandtat verleitet wird.

Um sicherzustellen, daß sich Ihr Welpe nachts meldet, grenzen Sie seinen Bewegungsradius um seinen Schlafplatz herum ein. Dazu kann beispielsweise ein Laufgitter sehr nützlich sein. Da der Welpe instinktiv vermeiden will, seinen Schlafplatz zu verschmutzen, wird er sich bemerkbar machen. Kann er sich hingegen frei in der Wohnung bewegen oder ist der Bewegungsradius um seinen Schlafplatz zu groß bemessen, wird er sich entweder einen Platz irgendwo in der Wohnung suchen oder sein Geschäft zumindest so weit wie möglich von seinem Schlafplatz entfernt verrichten.

Leinenführung

Wenn Sie mit Ihrem Dobermann Gassi gehen, werden Sie nicht wollen, daß er wie ein Wilder an der Leine zerrt oder Sie ihn stets hinter sich herziehen müssen. Das ist nicht nur für Sie eine unbequeme und anstrengende Art des Spazierengehens, sondern auch für den Hund, denn das dadurch sehr eng sitzende

Halsband verursacht ihm Unbehagen. Paradoxerweise wird er nun um so mehr ziehen oder noch weiter zurückbleiben, in der Hoffnung, das störende enge Gefühl am Hals so loswerden zu können. Der Hund muß also lernen, daß er dieses Unbehagen selbst verursacht, denn wenn er brav neben Ihnen herläuft, sind Halsband und Leine locker.

Gewöhnlich wird der Hund auf der linken Seite neben Ihnen geführt, Sie halten die Leine in Ihrer rechten Hand, so daß sie in einem leichten Bogen locker durchhängt. Ihre linke Hand dient der Kontrolle des Hundes, wenn er sich wie oben beschrieben verhält, das heißt wann immer Ihr Dobermann sich egal in welche Richtung von Ihnen entfernt, greifen sie mit der linken Hand in die Leine und bringen den Hund mit einem kurzen Ruck an der Leine zurück in seine korrekte Position und begleiten diese Korrektur mit einem strengen „Nein".

Wichtig ist es, daß Sie stets mit dem Hund sprechen – „Spock, Fuß!" Der Name des Hundes steht immer an erster Stelle, um so seine Aufmerksamkeit zu erlangen. Dann folgt unmittelbar darauf das entsprechende Kommando. Das „Fuß"-Kommando ist ein kurzes, energisch, aber dennoch lockend gesprochenes Kommando, wobei energisch bitte nicht mit laut zu verwechseln ist. Das „Nein" ist ein ebenfalls kurzes aber strenges Kommando, denn es soll deutlich machen, daß Sie die Handlung Ihres Hundes nicht billigen. Anhand der unterschiedlichen Tonlagen erkennt der Hund sehr deutlich, wann er gelobt und wann er getadelt wird.

Um die Aufmerksamkeit des Hundes zu erhalten, klopfen Sie während des Laufens mit Ihrer linken Hand ständig leicht gegen Ihren linken Oberschenkel. Der Hund nimmt dieses leise Geräusch wahr und richtet seine Aufmerksamkeit auf die Bewegung Ihrer Hand, wodurch er automatisch auf Ihrer Höhe und in Ihrem Tempo mitläuft. Dabei werden der Name

Beim Gassi gehen wollen Sie sicher nicht, daß Ihr Hund wie ein Wilder an der Leine zieht und zerrt. Er muß lernen, brav neben Ihnen herzulaufen.
Foto: Archiv bede-Verlag

des Tiers und das Kommando stets wiederholt und immer wieder kräftig gelobt, so daß sich diese Lektion beim Hund als positive Erfahrung einprägt. Sie können in Ihrer linken Hand auch einen Leckerbissen, etwa auf Kopfhöhe des Hundes halten, dem er unweigerlich folgen wird, nur birgt dies das Risiko, daß Ihr Hund versuchen wird, durch Stubsen oder Hochspringen an diesen Leckerbissen heranzukommen.

Kommen auf Ruf

Dieses Kommando ist ausgesprochen wichtig, vor allem in einer Situation, in der Ihr Hund nicht an der Leine ist. Dieser Befehl ist wie ein Lockruf und sollte entsprechend klingen. Auch hier rufen Sie erst den Namen Ihres Hundes und gleich anschließend das Kommando „Komm" oder „Komm her", wobei Sie etwas in die Knie gehen und mit beiden Händen leicht auf Ihre Schenkel klopfen. Kommt der Hund willig auf Sie zu, wird ausgiebig gelobt und vielleicht mit einem Leckerchen belohnt. Diese Übung läßt sich beispielsweise anläßlich jeder Mahlzeit sinnvoll wiederholen.

Es ist von größter Wichtigkeit, daß wenn der Hund das Kommando nicht befolgt, Sie ihm auf keinen Fall hinterherlaufen. Gejagt zu werden, ist für Hunde eines der größten Spielvergnügen, weshalb Ihr Hund immer weiterlaufen wird, um dieses „Spiel" so richtig auszukosten. In einer solchen Situation tun Sie am besten genau das Gegenteil – Sie drehen sich in die entgegengesetzte Richtung und entfernen sich langsam von Ihrem Hund, wobei Sie Ihn wiederholt mit Namen und Kommando zum Folgen verlocken. In der Regel wird auch genau das passieren, denn der Welpe weiß instinktiv, daß er ohne Sie verloren ist und wird sich bei einer zunehmenden Distanz zwischen ihm und Ihnen schnell eines Besseren besinnen.

Befolgt Ihr Hund das Kommando nicht beim ersten Mal, sondern erst nach mehrmaligem Rufen, dann darf er dafür nicht bestraft werden, denn diese negative Erfahrung wird der Hund in Zukunft nicht mit seiner verspäteten Reaktion, sondern vielmehr mit dem Kommando selbst in Zusammenhang bringen. Das wiederum resultiert dann in einer permanent zögerlichen Reaktion bei späteren Übungen oder sogar darin, daß er Ihrem Ruf gar nicht mehr folgt, aus Angst vor der scheinbar damit verbundenen Strafe.

Das Auslassen

Welpen sind wie Kleinkinder und wollen an allem herumknabbern. Dabei machen sie zwischen freßbaren und nichtfreßbaren Objekten keinen Unterschied, und so werden schnell Dinge verschluckt oder aufgefressen, die im Magen eines Hundes nichts verloren haben. Diese Gefahr besteht überall und ist stets gegenwärtig, weshalb das „Aus-Kommando" eines der wichtigsten, wenn nicht sogar DAS wichtigste Kommando überhaupt ist.

Um dem Hund die Bedeutung dieses Befehls zu vermitteln, beginnen Sie am besten damit, ihm beim Spielen sein Spielzeug aus dem Maul zu nehmen. Sie knien sich dafür auf den Boden, greifen

Grundregeln zur Erziehung

Konsequenz

Was dem Hund von einem Familienmitglied verboten wird, muß automatisch auch bei allen anderen Familienmitgliedern verboten sein.

Kommandos (Hörzeichen)

Alle Kommandos (ausgenommen das „Komm") sind kurze und energisch gesprochene Befehle, keine Bitten. Es muß dem Hund möglich sein, die unterschiedlichen Kommandos anhand verschiedener Stimmlagen zu unterscheiden, weshalb jede Übung ihr eigenes Kommando hat. Verwenden Sie also niemals ein Kommando für zwei unterschiedliche Übungen, denn das bringt den Hund völlig durcheinander.
Gewöhnen Sie Ihren Hund nicht daran, erst auf das dritte oder vierte Kommando zu hören. Nach dem ersten nicht befolgten Befehl erfolgt sofort die unmittelbare Einwirkung und die Wiederholung der Übung bis zur richtigen Ausführung. Der Hund wird schnell begreifen, daß er sich den Tadel (negativer Reiz) erspart, wenn er gleich beim ersten Kommando folgeleistet und gelobt wird (positiver Reiz). Beenden Sie eine Übungslektion stets mit einem Kommando, das der Hund gut ausführt und somit mit einem Lob belohnt werden kann.

eine Ecke des Spielzeugs und geben das Kommando – „Spock, Aus!". Dabei ziehen Sie leicht an dem Objekt und wiederholen das Kommando so lange, bis der Hund ausläßt. Darauf folgt ein dickes Lob und Sie geben ihm sein Spielzeug zurück. Das Kommando wird energisch gesprochen, so daß der Hund am Tonfall hören kann, daß es sich um eine Forderung und nicht um eine Bitte handelt.
Keinesfalls dürfen Sie zu stark an dem Objekt ziehen oder sogar reißen, denn auch das kann der Hund als Spiel auffassen und nun erst recht versuchen, dagegenzuhalten oder sogar nach Ihren Fingern schnappen, um sein „Eigentum" zu verteidigen. In diesem Fall kommt wieder das strenge „Nein" zum Einsatz, darauf erfolgt erneut das Kommando. Verhält sich Ihr Hund überaus störrisch und verweigert permanent das Befolgen dieses Befehls, dann greifen Sie mit der Hand über seine Schnauze und pressen Daumen und Fingerspitzen gegen die Reißzähne. Nun sollte der Hund umgehend auslassen, folglich wird er gelobt und erhält dann sein Spielzeug zurück.
Hat Ihr Hund erst begriffen, was auf das „Aus"-Kommando hin von ihm erwartet wird, so beginnen Sie damit, den Befehl ohne Zuhilfenahme Ihrer Hände zu ertei-

len. Das kann beim Spielen geschehen, beim Fressen oder wenn der Hund mit einem Kauknochen beschäftigt ist. Da Sie sich dabei nicht auf den Boden knien, sondern in aufrechter Position verweilen, kann es natürlich passieren, daß der Hund den Befehl verweigert. Erst dann beugen Sie sich herunter und verfahren in der zuvor beschriebenen Weise.

Das Sitz

Dieses Kommando läßt sich am einfachsten zu den Mahlzeiten üben. Stehen Sie mit dem Freßnapf in der Hand aufrecht vor dem Hund und geben das Kommando – „Spock, Sitz!“. Hierbei handelt es sich wieder um ein kurzes und bestimmt gesprochenes Kommando. Ihr Hund wird zu Ihnen und dem ersehnten Fressen hinaufblicken und sich dabei vermutlich automatisch hinsetzen. Darauf folgt ein deutliches Lob und der Freßnapf. Diese Übung können Sie immer dann wiederholen, wenn es Zeit für das Futter oder einen Leckerbissen ist. Auch wenn der Hund gerne sein favorisiertes Spielzeug haben möchte, dann ergibt sich eine gute Gelegenheit dazu. Befindet sich der Hund beim Spazierengehen an der Leine, so erfolgt die Übung in folgender Weise. Bevor Sie an einer Straßenecke anhalten, verlangsamen Sie das Lauftempo und erteilen dann, kurz bevor Sie stehenbleiben, das Kommando – „Spock, Sitz!“. Dabei gehen Sie etwas in die Knie, legen Ihre linke Hand auf den hinteren Rückenbereich Ihres Hundes und drücken leicht nach unten. Sitzt

Wenn Ihr Hund das Kommando „Sitz“ gelernt hat, so folgt das Erlernen des „Platz“-Kommandos. Foto: Archiv T.F.H.

der Hund, wird kräftig gelobt; wenn nicht, folgt ein strenges „Nein“, der Befehl wird wiederholt und die Hand in gleicher Weise zuhilfe genommen. Sie sollten aber unbedingt darauf achten, daß Sie sich nicht mit Ihrem Körper über den Hund beugen, denn das ist eine für den Hund sehr bedrohliche Haltung, die darin resultiert, daß er sich entweder hinlegt oder sogar wegzulaufen versucht.

Platz

Sobald Ihr Hund das Kommando „Sitz“ gelernt hat, folgt das „Platz-Kommando“. Am einfachsten versteht der Hund die Bedeutung dieses kurz und prägnant gesprochenen Befehls aus der sitzenden Position. Sie geben also zuerst das Kommando „Sitz!“, loben Ihren Hund für die korrekte Ausführung, greifen dann beide Vorderbeine und ziehen sie nach vorn, so daß der Hund zum Liegen kommt. Dabei erteilen Sie das Kommando – „Spock, Platz!“. Während des darauffolgenden Lobens streicheln Sie den Rücken des Tiers, um es so in dieser Position zu halten.

An der Leine gestaltet sich diese Methode etwas schwieriger, weshalb hier ähnlich wie beim „Sitz“ verfahren wird. Bevor Sie im Laufen innehalten, verlangsamen Sie das Tempo und erteilen kurz bevor Sie stehenbleiben das Kommando. Dabei greifen Sie mit Ihrer linken Hand über die Schultern des Hundes und üben Druck aus.

Der Grund dafür, weshalb die Kommandos an der Leine stets kurz bevor Sie stehenbleiben erteilt werden, ist einfach zu erklären. Zum Einen braucht der Hund etwas Zeit, um auf das Kommando reagieren zu können. Das heißt er wird sich nicht sofort und auf der Stelle hinsetzen oder -legen, sondern benötigt eine kurze Zeitspanne zum Verstehen und Handeln. Erteilen Sie das Kommando also erst wenn Sie bereits stehen, wird der Hund unweigerlich ein Stück vor Ihnen, anstatt neben Ihnen zum Sitzen oder Liegen kommen oder sich nach Ihnen umdrehen und direkt vor Ihren Füßen oder verkehrtherum sitzen. Zum Anderen besteht das Problem, daß Sie den Hund zum „Sitz“ oder „Platz“ nur dann mühelos mit der Hand hinunterdrücken können, so lange er sich noch in Bewegung befindet. Steht der Hund bereits neben Ihnen, wird er sich dem Druck Ihrer Hand mit aller Kraft entgegen stemmen. Das verursacht dem Hund wiederum ein unangenehmes Gefühl und ist somit eine negative Erfahrung in Verbindung mit diesen beiden Kommandos.

... und denken Sie dran

Es empfiehlt sich, daß Sie sich mit Ihrem Dobermann einem Rassehundverband anschließen, wo rassespezifische Ausbildungen und Sportarten angeboten werden. Hier können Sie und Ihr Hund von einem exakt auf die Rasse und deren Fähigkeiten abgestimmten Trainingsprogramm profitieren. Adressen solcher Vereine können Sie beim VDH in Erfahrung bringen.

Bestrafung

Es wird immer wieder passieren, daß Sie Ihren Hund für ein unduldbares Verhalten bestrafen müssen. Das sollte aber keinesfalls in Form von Schlägen, der Verweigerung von Futter oder einem Eingesperrtwerden geschehen, denn diese Bestrafungen sind dem Hund naturgemäß fremd, und er wird sie nicht oder nur schwer als solche erkennen. Wenn Sie eine Hündin beim Umgang mit ihren Welpen beobachten, so werden Sie schnell erkennen, daß auch diese die Welpen von Zeit zu Zeit bestraft, indem sie diese im Genick packt und kräftig schüttelt. Die gleiche Methode können auch Sie anwenden, denn sie ist dem Welpen instinktiv bestens vertraut und wird sofort als Bestrafung verstanden. Greifen Sie also den Hund im Nackenfell und schütteln Sie ihn kräftig, wobei jedoch nur die Vorderbeine leicht vom Boden abheben sollten. Dabei erteilen Sie ein strenges „Nein".

Wichtig ist, daß eine Bestrafung, wie auch jedes Lob, stets unmittelbar auf die Handlung zu folgen haben. Beispielsweise ist es völlig wirkungslos den Hund zu tadeln, wenn Sie nach einem Einkauf nach Hause kommen und feststellen, daß der inzwischen den Mülleimer geleert hat. Sie können Ihrem Unmut in dieser Lage zwar durch Schimpfen beim Einsammeln der Bescherung Ausdruck verleihen, jedoch kommt eine direkte Bestrafung des Hundes jetzt viel zu spät. Er kann den Zusammenhang zwischen seiner Tat und dem nun später erfolgenden Tadel in den allermeisten Fällen nicht begreifen und fühlt sich so ungerechterweise bestraft. Geschieht so etwas öfter, dann bringt der Hund die Bestrafung mit Ihrem Nachhausekommen in Verbindung und wird sich – statt Ihnen freudig entgegenzueilen – in einer Ecke verkriechen. Nur wenn der Hund den Zusammenhang zwischen seinem Verhalten und dem Lob oder Tadel versteht, können Sie eines Lernerfolgs sicher sein.

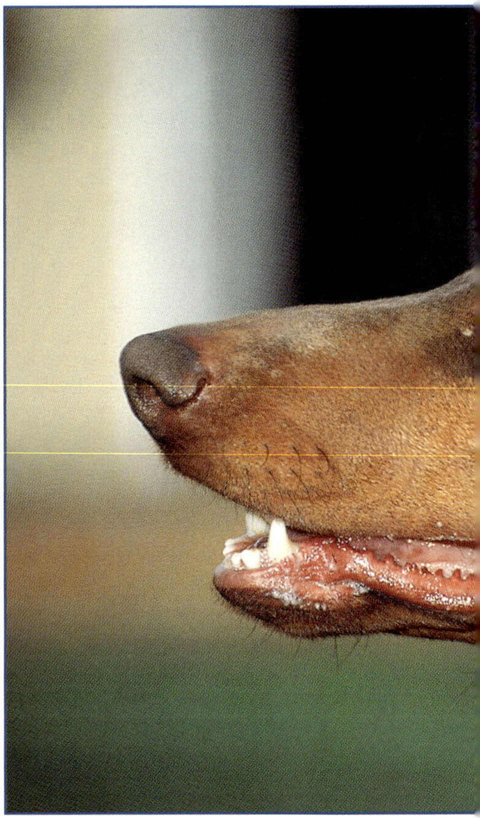

Natürlich gibt es noch eine ganze Reihe anderer Kommandos, die ein Hund kennen sollte, und es gibt auch noch viel

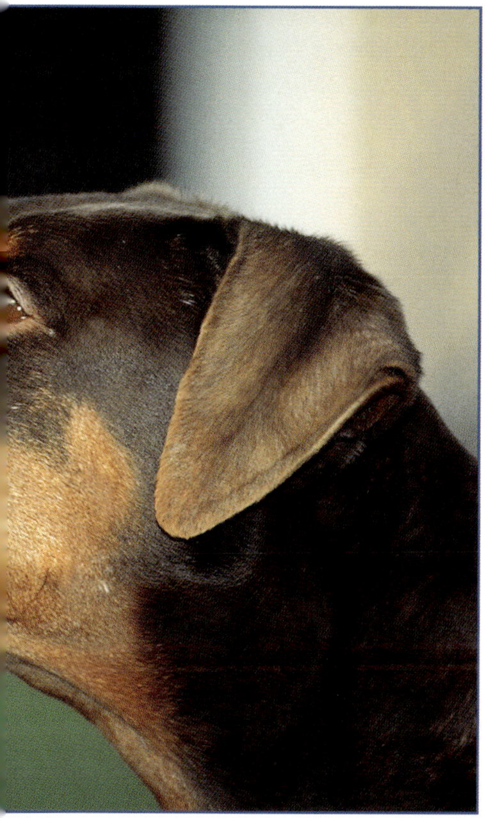

Es wird immer wieder passieren, daß Ihr Hund für ein unduldbares Verhalten bestraft werden muß. Wichtig ist dabei, daß eine Bestrafung wie auch ein Lob direkt auf die Tat erfolgt.
Foto: Archiv bede-Verlag

mehr Dinge, die Sie einem Hund beibringen können. Wer sich wirklich ausgiebig mit seinem Hund beschäftigen will, der sollte sich einer Hundeschule anschließen. Hier stehen Ihnen ausgebildete Trainer mit Rat und Tat zur Seite, und hier können Sie und Ihr Hund alles lernen, was für beide von Nutzen und was alles möglich ist. Der Hundesport erfreut sich in Deutschland einer zunehmenden Beliebtheit, verschafft Ihnen und Ihrem Hund die so nötige Bewegung, und die Zusammenarbeit und das Wetteifern mit Gleichgesinnten bereitet darüber hinaus auch noch beiden eine Menge Spaß.

Natürlich kann auch ein bereits älterer Hund noch erzogen und trainiert werden. Unabhängig vom Alter des Hundes müssen die Übungen auf dessen Ausbildungsstand abgestimmt werden. Hat ein bereits erwachsener Dobermann in seiner Jugend keinerlei Erziehung genossen, so werden Sie mit den gleichen Übungen wie für die Erziehung von Welpen beschrieben beginnen müssen. In diesem Fall werden von Ihnen viel Geduld und Ausdauer verlangt, denn erstens lernt ein bereits älterer Hund langsamer als ein Welpe, und außerdem müssen hier viele bereits festsitzende Verhaltensmuster korrigiert oder ausgemerzt werden. Trotzdem ist ein solcher Versuch nicht aussichtslos, denn wie heißt es doch so schön – zum Lernen ist niemand jemals zu alt.

Eine Übung, die zweimal hintereinander richtig ausgeführt wurde, sollte innerhalb einer Lektion nicht mehr wiederholt werden. Üben Sie mit Ihrem Welpen nicht länger als zehn Minuten pro Tag und niemals wenn Sie emotional gereizt oder unkonzentriert sind. Mit zunehmendem Alter des Hundes können die Lektionen stufenweise verlängert werden. Sie werden ein Gefühl dafür entwickeln zu erkennen, wann die Konzentrationsfähigkeit Ihres Hundes erschöpft ist und die Lektion beendet werden sollte.

Vorbeugende Maßnahmen und Gesundheitspflege für Dobermann Pinscher

Die Gesunderhaltung eines Dobermann Pinschers erfordert einige Vorsorgemaßnahmen. Vorsorge ist nicht nur die effektivste Medizin gegen Krankheiten, sondern auch gleichzeitig die billigste, und eine gute Vorsorge beginnt bereits bevor der Welpe geboren wird. Die zur zukünftigen Mutter erkorene Hündin sollte gut umsorgt werden, alle notwendigen Impfungen erhalten haben und unbedingt frei von Infektionen und Parasitosen sein.

Die beiden ausgewählten Elterntiere sind selbstverständlich auf genetisch bedingte Krankheiten (z.B. Von-Willebrand-Krankheit) hin untersucht worden, sind frei von Hüft- oder Ellbogengelenksdysplasie, weisen keine durch medizinische oder verhaltensbedingte Probleme vorbelastete Stammbäume auf und erscheinen somit als zur Zucht geeignet.

Damit ist bereits der Grundstein zu einem guten Start für die Welpen gelegt worden, und wenn alles wie geplant verläuft, wird die Mutter ihren Welpen eine für die ersten Lebensmonate ausreichende Resistenz gegen Krankheiten mitgeben. Andererseits kann die Mutter aber auch Parasiten, Infektionen und genetisch bedingte Krankheiten auf ihren Nachwuchs übertragen, wenn sie selbst an solchen Erkrankungen oder Gesundheitsproblemen leidet und diese nicht vor Beginn der Schwangerschaft behoben oder bei der Auswahl der Elterntiere berücksichtigt worden sind.

Im Alter von zwei bis drei Wochen

Bereits in diesem frühen Alter ist es notwendig, die Welpen ihrer ersten Entwurmung zu unterziehen. Obwohl die Hunde natürlich von dieser Art von Parasitenkontrolle profitieren, liegt der eigentliche Grund für diese Maßnahme eher in der Gesundheitsvorsorge für den Menschen. Nach der Geburt der Welpen gibt das Weibchen oftmals große Wurmmengen ab, auch wenn sie noch zu Beginn der Trächtigkeit als wurmfrei erklärt wurde. Das liegt daran, daß zwar keine Würmer in der untersuchten Kotprobe nachgewiesen werden konnten, jedoch viele Larven dieser Parasiten verkapselt in der Muskulatur ruhen, bis der durch die Geburt entstehende Streß sie aktiviert und zum Verlassen des Wirtskörpers treibt und sie somit in die Außenwelt gelangen.

Außerdem gibt das Muttertier die Larven auch mit der Milch an die Welpen weiter. Untersuchungen haben verdeutlicht, daß 75 % aller Welpen unter Wurmbefall leiden und deshalb davon ausgegangen werden muß, daß die eigenen Welpen darin keine Ausnahme bilden. Aus diesem Grunde wird sehr früh mit der Entwurmung begonnen; allerdings eher zu dem Zweck, die Bewohner des Hauses und weniger die Hunde zu schützen. Diese Wurmkuren werden alle zwei Wochen wiederholt, bis der Tierarzt der Meinung ist, den Wurmbefall unter Kontrolle zu haben. Danach oder spätestens ab der zwölften Lebenswoche wer-

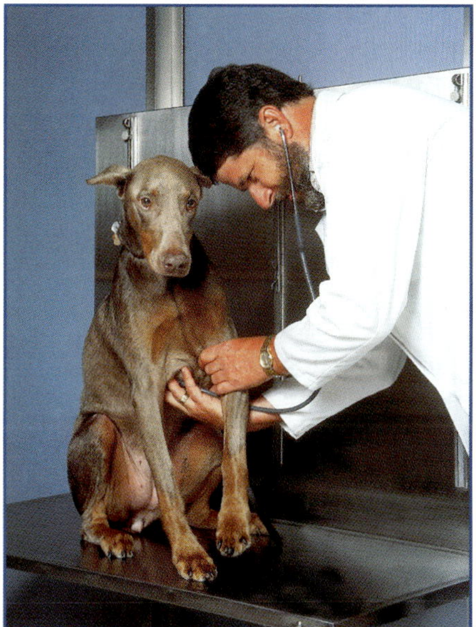

Der jährliche Besuch beim Tierarzt zur Auffrischung der Schutzimpfungen ist eine gute Möglichkeit für eine Generaluntersuchung. Dazu gehört auch wie hier die Kontrolle des Herzschlags.

Ein solch unwiderstehlicher Dobermannwelpe verlangt viel Pflege und Aufmerksamkeit, besonders während seiner ersten Lebensmonate. Überlegen Sie sich also vor dem Kauf, ob Sie die Zeit aufbringen können, welche die Aufzucht eines Welpen erfordert.

den regelmäßige Wurmkuren durchgeführt, deren Abstände vom Tierarzt festgelegt werden.

Auch das Muttertier sollte in diese Behandlung mit einbezogen werden, damit verhindert wird, daß ständig neue Würmer von ihr ausgeschieden werden und sie sich und die Welpen dadurch erneut infiziert. In jedem Fall dürfen nur solche Medikamente und Dosierungen angewandt werden, die vom Tierarzt empfohlen und für den Gebrauch bei Welpen als unbedenklich gelten – nach Gutdünken dosierte und von irgendwoher stammende Mittel haben schon einigen Welpen das Leben gekostet.

Im Alter von sechs bis zwanzig Wochen

Die meisten Welpen werden im Alter von sechs bis acht Wochen von der Mutter entwöhnt. Das Entwöhnen sollte nicht zu früh stattfinden, denn während die Welpen gesäugt werden, entwickelt sich durch den ständigen Kontakt mit den Geschwistern und der Mutter die Basis für das spätere Sozialverhalten. Somit wird ihnen der richtige Umgang mit anderen Hunden im weiteren Verlauf ihres Lebens erheblich erleichtert. Es gibt keinen vernünftigen Grund, den Entwöhnungsprozeß unbedingt beschleunigen zu wollen, es sei denn, das Muttertier kann keine ausreichenden Milchmengen produzieren, um alle Welpen zu ernähren.

Die erste Untersuchung durch einen Tierarzt findet gewöhnlich im Alter zwischen sechs und acht Wochen statt, also genau dann, wenn auch die meisten Schutzimpfungen fällig werden. Bei Welpen, die ständigen Kontakt mit vielen anderen Hunden haben, wird der Tierarzt wahrscheinlich bereits mit sechs Wochen eine Impfung mit inaktivem Parvovirus empfehlen, wohingegen Welpen ohne Kontakt zu anderen Hunden erst mit acht Wochen gegen Parvovirose, Staupe, Hepatitis und Leptospirose geimpft werden. Bei dieser Gelegenheit wird neben einer Generaluntersuchung auf Krankheitsanzeichen, die einen Aufschub der Schutzimpfungen erfordern würden, auch gleich eine erste Zahnuntersuchung durchgeführt, um zu sehen, ob die Zähne wie gewünscht durchbrechen. Bei Rüden wird sich der Arzt auch versichern, daß die Hoden ordnungsgemäß aus dem Unterleib in den Hodensack gewandert sind. Gesundheitliche Alarmzeichen wie anormale Herzgeräusche, verschobene Kniescheiben, beginnender Grauer Star, Nickhautvorfall und Nabelbrüche sind in diesem Alter ebenfalls bereits erkennbar.

Das Alter von acht Wochen ist auch der richtige Zeitpunkt für einen Verhaltenstest. Dieser kann vom Tierarzt selbst oder von einer anderen, vom Tierarzt empfohlenen Person vorgenommen werden. Wie bereits erwähnt, sind diese Tests nicht unbedingt zuverlässig, können jedoch Aufschluß über einige bestimmte Veranlagungen zur Entwicklung von Verhaltensstörungen geben. Wer bereits mit der Aufzucht von Welpen seine Erfahrungen hat, der wird bestimmt schnell bemerken, wenn das Verhalten eines Tiers in irgendeiner Form vom „Normalen“ abweicht und sich ohne weitere Aufforderungen um professionelle Hilfe bemühen. Für einen unerfahrenen Halter ist das jedoch nicht so einfach, denn ihm fehlen die Vergleichsmöglichkeiten. Wer sich also diesbezüglich unsicher ist, der sollte seinen Welpen besser den Erfahrungen und dem Urteilsvermögen eines Fachmanns anvertrauen, bevor er später eine bittere Enttäuschung erlebt. Schon viele Hundehalter haben in solchen Fällen resigniert aufgegeben und der erlösenden Spritze vom Tierarzt den Vorzug vor den ständigen Problemen mit einem unberechenbaren Hundetemperament gegeben – ein Weg, den Sie nicht einschlagen müssen, verschaffen Sie sich rechtzeitig einen Einblick in das Wesen Ihres Hundes.

Seit einiger Zeit ist es in den Vereinigten Staaten üblich, eine Kastration bereits im Alter von sechs bis acht Wochen vornehmen zu lassen. In Deutschland verhält sich das anders, denn hier vertreten die Tierärzte die Meinung, daß eine zu frühe Kastration einen negativen Einfluß auf den Hormonhaushalt des Tieres hat, der gewöhnlich erst im Alter von etwa sechs bis sieben Monaten, bei manchen Rassen noch später, voll funktionsfähig ist. Im Gegensatz zu den USA, in denen eigentlich alle „Nicht-Zuchthunde“ einem solchen Eingriff unterzogen werden, wird eine Kastration in Deutschland nur vorgenommen, wenn ein zwingender medizinischer Grund dafür vorliegt.

Die meisten Schutzimpfungen werden

in Abständen verabreicht, nämlich mit acht bis zehn Wochen und zwölf bis vierzehn Wochen. Im Normalfall sollten die einzelnen Impfungen mindestens zwei Wochen auseinanderliegen, wobei ein Abstand von vier Wochen optimal ist. Jede Impfung besteht gewöhnlich aus mehreren verschiedenen Erregern – zum Beispiel werden die der Parvovirose, Staupe, Hepatitis und Leptospirose in einer Impfung kombiniert. Ein Impfschutz gegen Koronavirose (Zwingerhusten) kann separat verabreicht werden, falls der Arzt den Welpen als „Risikofall" einstuft. Die Impfungen gegen Parvovirose, Staupe, Hepatitis und Leptospirose werden im Alter von zwölf Wochen wiederholt. Zu diesem Zeitpunkt wird auch die erste Tollwutimpfung verabreicht. Eine Auffrischung der Tollwut-, Leptospirose- und Parvoviroseimpfung findet von da ab generell in jährlichen Abständen, die der Staupe- und Hepatitisimpfungen alle zwei Jahre statt. Gegen den bekannten Zwingerhusten gibt es heute neben der üblichen Impfung auch noch einen neueren Weg zur Immunisierung, bei dem der Impfstoff in die Nasenlöcher gesprüht wird. Diese Schutzimpfung kann bereits mit sechs Wochen verabreicht werden, wenn die Welpen einem erhöhten Ansteckungsrisiko ausgesetzt sind.

Die Leptospirose (Stuttgarter Hundeseuche) ist eine Bakterieninfektion, die weltweit verbreitet ist. Der Impfschutz hält ein Jahr an und besteht aus zwei Injektionen, die jeweils drei bis vier Wochen auseinanderliegen. Die erste Injektion sollte spätestens im Alter von zehn Wochen verabreicht werden. Nachdem die Serie der Impfungen vollständig ist, reicht auch hier eine Auffrischung einmal jährlich.

Die Tollwutimpfung ist nach wie vor eine

Im Alter von nur wenigen Wochen muß der Züchter beginnen, seine Welpen an den Kontakt mit Menschen zu gewöhnen. Es wird dem Käufer jedoch nicht gestattet sein, die Welpen vor der Verabreichung der ersten Impfserie anzufassen.

... und denken Sie dran

Verzichten Sie bitte darauf, in der Apotheke nach irgendwelchen x-beliebigen Wurmmitteln zu fragen. Der Tierarzt hat einschlägige Erfahrungen mit der Verabreichung des richtigen Mittels für das entsprechende Alter. Verlassen Sie sich also besser auf seinen professionellen Rat.

der wichtigsten, obwohl sie längst nicht mehr in allen Ländern als Pflichtimpfung gilt. Es kann sogar sein, daß die diesbezüglichen Bestimmungen innerhalb eines Landes unterschiedlich sind, was ganz davon abhängt, wann der letzte Tollwutfall aufgetreten ist und wie hoch das Risiko für neue Krankheitsfälle eingestuft wird. Aus Sicherheitsgründen sollten Sie jedoch nicht auf diesen Impfschutz verzichten, denn es handelt sich immerhin um eine Krankheit, die ohne Schutzmaßnahmen auch heute noch tödlich verläuft. Die Impfung wird im Alter von zwei Monaten erstmalig verabreicht, die nächste Injektion erfolgt im Alter von drei Monaten und von da an wird alle zwölf Monate eine Auffrischung vorgenommen.

Im Alter zwischen acht und vierzehn Wochen sollte jede nur denkbare Möglichkeit genutzt werden, den Welpen mit möglichst vielen Menschen und Situationen vertraut zu machen. Dies ist ein Teil der kritischen Sozialisierungsphase, der darüber entscheidet, wie sich der Welpe in seinem weiteren Leben anderen Menschen und Haustieren gegenüber verhalten und wie er auf unbekannte Situationen und Ereignisse reagieren wird. In dieser Phase sollte der Welpe so viel Zeit wie möglich mit seinem Halter und der Familie verbringen, nicht für jede Kleinigkeit bestraft werden und mit ruhiger und geduldiger Hand, jedoch ohne jeglichen Druck, die ersten Erziehungsmaßnahmen genießen.

Bei der Sozialisierung mit Mensch und Tier muß allerdings bedacht werden, daß sich diese Maßnahme nicht nur auf die eigenen Familienmitglieder und Haustiere bezieht, die der Hund aller Wahrscheinlichkeit nach sowieso als seinem „Rudel“ zugehörig betrachten wird. Es geht vielmehr um den Kontakt mit fremden Menschen und Tieren wie beispielsweise der Katze des Nachbarn, Käfig- oder Volierenvögeln und was sich sonst noch so an anderen Haustieren im Freundes- und Familienkreis anbietet, sowie um Menschen, mit denen der Welpe gewöhnlich keinen oder nur sehr selten Kontakt hat. Ein ständiger oder enger Kontakt mit anderen Hunden sollte erst stattfinden, nachdem der Welpe seine zweite Impfreihe hinter sich hat. Vorher besteht nur ein unzureichender Schutz gegen Infektionskrankheiten, die leicht von einem Hund auf einen anderen übertragen werden können. Nach Erreichen der zwölften Lebenswoche sollte der Impfschutz jedoch stark genug sein, um dem Welpen auch das Zusammensein mit anderen Hunden zu gönnen. Dieser Schritt ist besonders in Hinsicht auf den späteren Besuch einer Hundeschule wichtig, denn hier verlangt der Trainer von jedem Hund ein ausgeprägt friedfertiges Verhalten den anderen vier- und zweibeinigen Schülern gegenüber. Nun ist auch schon mal ein längerer Spaziergang in Straßen und Parks angesagt, um den Welpen mit der großen weiten Welt außerhalb des heimischen Herds vertraut zu machen – all die fremden Gerüche, Menschen, andere Hunde und nicht zuletzt der Verkehrslärm und andere unbekannte Geräusche helfen dem Welpen, diese ihm noch unheimliche Welt zu verstehen und zu akzeptieren.

Die Gewöhnung an das Fahren im Auto, Bus, in der Bahn oder im Aufzug gehören genauso dazu wie der Kontakt mit spielenden Kindern, Fahrradfahrern, Motorrädern, schlicht und ergreifend mit allem, was zu unserem täglichen Leben gehört.

Die ersten Ausflüge mit dem Halter und der Familie erfordern aber auch noch eine andere Voraussetzung, nämlich die, daß der Hund jederzeit von anderen identifiziert werden kann. Auch wenn Sie von sich selbst stets behaupten, es könne nicht dazu kommen, daß der Hund wegläuft, so hat schon manch einer diese falsche Selbstsicherheit mit dem Verlust seines Hundes bezahlen müssen. Trotz der Tatsache, daß ein Dobermann ein großer Hund ist und nicht durch Mäuselöcher schlüpfen kann, kommt es immer wieder dazu, daß ein unbeachteter oder unentdeckter Weg in die Freiheit gefunden wird. Darüberhinaus gibt es auch unter den Menschen sehr unfreundliche Subjekte, die Gefallen daran finden, die Hunde anderer Leute zu stehlen.

Zu dem Zweck, einen verlorengegangenen Hund schnellstmöglich wiederzufinden, gibt es mehrere Methoden, die mehr oder weniger effektiv sind. Die bekannteste und bestimmt älteste Methode ist das Hundehalsband mit der daran befindlichen Hundemarke. Es empfiehlt sich, auf deren Rückseite oder auf einem zusätzlichen Anhänger den Namen, die Adresse und Telefonnummer des Halters eingravieren zu lassen. Die wichtigste Voraussetzung dafür, daß dieses System auch seinen Zweck erfüllt, ist natürlich die, daß der Hund dieses Halsband auch ständig trägt. Dennoch muß die Möglichkeit berücksichtigt werden, daß er es sich irgendwo abreißen könnte oder ein anderer Hund es bei einem Kampf durchbeißt. Außerdem kommt es nicht selten vor, daß die am Halsband befindlichen Anhänger abfal-

Bevor Sie die ersten Ausflüge mit Ihrem Hund unternehmen, sollten Sie sicher sein, daß Ihr Hund jederzeit von anderen identifiziert werden kann. Eine Methode, die sich bewährt hat, ist die Tätowierung im Ohr des Tiers. Foto: R. Klaar

… und denken Sie dran

Die ersten längeren Spaziergänge sind ungeheuer aufregend für den Welpen. Am faszinierendsten sind dabei die unbekannten und vielfältigen Gerüche. Lassen Sie Ihren Hund jedoch nicht überall herumschnüffeln, besonders nicht am Kot anderer Hunde, denn das ist der beste Weg zur Übertragung von Krankheiten und Parasitosen.

len und verloren gehen.

Einige Halter bevorzugen eine Kette anstatt eines Halsbands, die jedoch aus Sicherheitsgründen abgenommen wird, wenn sich der Hund nicht an der Leine befindet. Sie scheidet deshalb in diesem Fall aus.

Eine Methode, die sich gut bewährt hat, ist eine Tätowierung im Ohr des Tiers, die meistens aus der Registriernummer des Hundes besteht. Handelt es sich nicht um einen registrierten Hund, dann kann auch eine spezielle vom Züchter vergebene Erkennungsnummer eintätowiert werden. Die Tierheime verfügen im Allgemeinen über Listen dieser Nummern, anhand derer sie den Züchter ausfindig machen können, der seinerseits wieder Telefonnummer oder Adresse des Halters besitzt.

Viele Züchter tätowieren ihre Welpen bereits vor dem Verkauf. Zu diesem Zweck werden die Haare auf der Innenseite eines Ohres abrasiert und dann die Tätowierung vorgenommen, die dem Tier keine nennenswerten Schmerzen verursacht. Allerdings ist es auch hierbei schon vorgekommen, daß solche Tiere nicht identifiziert werden konnten, weil entweder zu viele Haare über die Tätowierung gewuchert waren oder diese unsauber und unleserlich vorgenommen wurde. So wird sie entweder gar nicht entdeckt oder kann nicht entziffert werden. Es liegt also auch bei dieser Methode in der Hand des Halters, die Haare kurz zu halten und die Nummer eventuell nachtätowieren zu lassen, wenn die Zahlen nicht mehr deutlich zu erkennen sind.

Die neueste Erfindung auf diesem Gebiet ist der Mikrochip, der heute schon in vielen Ländern zur Anwendung kommt. Es handelt sich dabei um einen Computerchip, der nicht größer als ein Reiskorn ist. Der Tierarzt implantiert diesen unter örtlicher Betäubung unter der Haut zwischen den Schulterblätter des Hundes. Läuft das Tier weg oder geht anderweitig verloren und wird im Tierheim abgeliefert, wird dort mit einem Scanner der Code des Mikrochips ermittelt und so der Besitzer ausfindig gemacht. Ein Anhänger am Halsband weist darauf hin, daß der Hund Träger eines solchen Computerchips ist. Auch hier wird natürlich vorausgesetzt, daß der Hund das Halsband ständig trägt.

Im Alter von vier bis sechs Monaten

Mit sechzehn Wochen sollte der Welpe bereits seine letzte Impfreihe erhalten haben. Jetzt kann auch eine Untersuchung auf die Von Willebrand-Krankheit hin durchgeführt werden. In Deutschland ist diese Krankheit allerdings sehr selten. Eventuell ist diese Untersuchung bereits durch den Züchter geschehen. Diese Erbkrankheit verursacht unkontrollierbare Blutungen. Ein einfacher Bluttest ist alles, was zur Erkennung erforderlich ist, allerdings muß dieser in einem speziellen Labor ausgewertet werden. Ein entsprechender Test sollte in jedem Fall vor einem chirurgischen Eingriff wie einer Kastration durchgeführt werden, denn besteht ein Bluterproblem, dann müssen für Operationen natürlich besondere Sicherheitsvorkehrungen getroffen werden.

Die Sozialisierung mit ihren Geschwistern ist sehr wichtig für die Welpen. So lernen sie, sich später anderen Hunden gegenüber richtig zu verhalten.

Im Alter von sechs bis zwölf Monaten

Ab einem Alter von sechs Monaten kann eine Kastration vorgenommen werden, vorausgesetzt es liegt ein einleuchtender Grund vor und das Tier ist nicht zur Zucht vorgesehen. Meist wird der Tierarzt die Kastration erst nach der Geschlechtsreife vornehmen. Die Geschlechtsreife tritt bei den meisten Rassen in einem Alter zwischen sechs oder sieben Monaten (beim Dobermann erst mit 18 Monaten) ein – bei manchen Rassen jedoch erst erheblich später. Die Kastration dient nicht nur dem Zweck der Trächtigkeitsverhütung, sondern bei Rüden auch dazu, daß sie den Drang zum Herumstreunen ablegen und anderen Rüden gegenüber friedfertiger werden. Außerdem wird durch eine solche Operation das Risiko für bestimmte Krankheiten wie verschiedene Krebsarten und Prostataprobleme eingeschränkt.
Stellen Sie bei Ihrem Dobermann Anzeichen von Haarausfall fest, wird der Tier-

arzt eine Hautprobe entnehmen wollen, um diese auf Demodexmilben zu untersuchen. Dazu schabt er mit einem Skalpell etwas Haut von der befallenen Stelle ab und untersucht dieses „Geschabsel" unter dem Mikroskop. Stellt er dabei fest, daß Ihr Hund unter Räude leidet, ist das kein Anlaß zur Panik. Etwa 90 % aller Fälle können relativ einfach geheilt werden. Es ist jedoch dennoch wichtig, die Krankheit so früh wie möglich zu erkennen, damit vernarbte Hautstellen vermieden werden können.

Bis zum sechsten Lebensmonat sollte der Welpe auch den Zahnwechsel beendet haben. Die ersten Zähne (Milchzähne) sind ausgefallen, und die zweiten und bleibenden sollten bereits alle durchgebrochen sein. Der Tierarzt wird sich in diesem Stadium davon überzeugen wollen, daß das Gebiß vollständig und die Stellung der Zähne (der Biß) korrekt ist. Ist das nicht der Fall, ergibt sich hier die Möglichkeit zur Korrektur. Eine solche Zahnstellungskorrektur sollte jedoch ausschließlich einem verbesserten Wohlbefinden des Hundes dienen, das heißt ihm ein normales Kauen ermöglichen – niemals aber aus rein kosmetischen Gründen, also um dem Tier ein besseres Aussehen zu verleihen.

Zu diesem Thema gibt es eine traurige Statistik – 85 % aller Hunde, die älter als vier Jahre sind, leiden unter Zahnkrankheiten und permanentem Mundgeruch. Tatsächlich ist das so häufig der Fall, daß viele Hundehalter diesen Zustand als völlig normal betrachten! Damit haben diese Leute vielleicht gar nicht so unrecht, denn es ist beim Hund wie beim Menschen wirklich eine normale Erscheinung, daß eine mangelnde Zahnhygiene solche sich hartnäckig haltenden Probleme verursacht. Selbstverständlich können schlechte Zähne oder ein ständig entzündetes Zahnfleisch auch erblich bedingt sein oder aus einer falschen Ernährung im Welpenalter resultieren, jedoch sind das die wenigsten Fälle. Der Auslöser für solche Probleme ist meistens eine starke Ansammlung von Zahnstein, wofür unter Umständen auch eine Veranlagung verantwortlich sein kann.

Um den Zähnen seines Hundes die gleiche Aufmerksamkeit und Pflege wie den eigenen zukommen zu lassen, gibt es mehrere Möglichkeiten. Zum Beispiel gibt es beim Tierarzt für Hunde mit der Neigung zu starker Zahnsteinbildung und Mundgeruch spezielle Zahnbürsten und Zahnpasta. Außerdem tragen die im Handel erhältlichen Kauspielzeuge erheblich zur Sauberhaltung der Zähne bei. Der Tierarzt sowie der Fachhandel beraten gerne über speziell für die Zahn-

... und denken Sie dran

Zur richtigen Mundhygiene Ihres Hundes gehört auch zu verhindern, daß er auf die Zähne und das Zahnfleisch schädigenden Dingen herumkaut. Dazu gehören Steine egal welcher Größe genauso wie splitternde Holzstücke.

pflege geeignete Kaugegenstände, die gewöhnlich zum Verzehr gedacht sind, jedoch in ihrer Zusammensetzung und Beschaffenheit über eine reinigende und für das Zahnfleisch kräftigende Wirkung verfügen, die freigesetzt wird, wenn das Tier ausgiebig darauf herumkaut. Im Normalfall reichen solche Produkte völlig aus, um Zähne und Zahnfleisch in gutem Zustand zu erhalten, vorausgesetzt, beide erfreuen sich von Geburt an bester Gesundheit und das Tier wird mit

Im Handel erhältliches Kauspielzeugt trägt zur Sauberhaltung der Zähne bei. Lassen Sie sich im Fachhandel beraten, es gibt Kaugegenstände, deren Beschaffenheit über eine reinigende und für das Zahnfleisch kräftigende Wirkung verfügt. Foto: Archiv bede-Verlag

einer ausgewogenen, vitamin- und kalziumreichen Ernährung versorgt.
In anderen Fällen, wenn der Zustand der Zähne erblich vorbelastet oder eine mangelhafte Ernährung im Welpenalter für schlechte Zähne verantwortlich ist, helfen die zuvor genannten Kauprodukte dabei, die Bildung von Zahnstein zu verlangsamen und zu verhindern, daß dieser sich festsetzen kann. Dennoch werden Sie in einem solchen Fall nicht umhinkommen, den hartnäckigen Belag vom Tierarzt regelmäßig entfernen zu lassen, denn er gefährdet anderenfalls die Gesundheit der Zähne und des Zahnfleischs.

Die ersten sieben Lebensjahre

Der einjährige Hund sollte nun einer gründlichen Generaluntersuchung unterzogen werden. Zu einem solchen Generalcheck gehören Untersuchungen der Augen, Ohren, des Maulinnenraums und Rachens, der Lungen, des Herzens, der Lymphknoten und des Unterbauchs sowie Auffrischungen bestimmter Schutzimpfungen und eine Entwurmung. Außerdem bietet sich hierbei die Gelegenheit, den Tierarzt zu allem zu befragen, was einem innerhalb des Jahres am Verhalten des Hundes so aufgefallen ist.
Bei Hunden mit hartnäckigen Zahnsteinablagerungen beginnen die meisten Tierärzte im Alter von zwei Jahren mit den ersten zahntechnischen Maßnahmen. Hierfür ist eine Narkose erforderlich, denn das Tier würde dabei ansonsten mit Sicherheit nicht stillhalten. Der Arzt verwendet bei dieser Prozedur einen Ultraschallschleifer, mit dem er den Zahnstein und -belag von und zwischen den Zähnen entfernt. An-

schließend werden die Zähne poliert, damit sich neuer Belag und Zahnstein nicht mehr so leicht festsetzen können. Vielleicht werden noch Röntgenaufnahmen der Kiefer und Zahnwurzeln angefertigt und eine Fluoridbehandlung des Zahnfleischs vorgenommen, denn die so gefürchtete Zahnfleischentzündung wird nicht durch den Zahnstein, sondern vom Bakterienbelag auf den Zahnhälsen ausgelöst. Da beim Zahnsteinabschleifen der Bakterienbelag jedoch nur unzureichend entfernt wird, haben Zahnärzte speziell zu diesem Zweck eine neue Technik entwickelt, die auf Ultraschallbasis funktioniert. Die Ultraschallbehandlung ist schneller, zerstört mehr Bakterien und reizt das Zahnfleisch erheblich weniger als die herkömmliche Schleifmethode. Eine spezielle Zahnpolitur schließt die Behandlung ab, das Zahnfleisch heilt schneller und der Halter kann somit früher mit der „Hausbehandlung" beginnen.

... und denken Sie dran

Wenn Ihr Hund regelmäßig geimpft und entwurmt wird und nicht ohne Aufsicht herumstreunen darf, dann besteht auch für Sie und Ihre Kinder kaum ein Risiko, sich durch ihn mit Krankheiten zu infizieren. Trotzdem sollten Sie verbieten, daß der Hund Hände und Gesicht ausgiebig belecken darf.

Jeder Hund hat seine individuellen Zahnprobleme, die in jedem Fall berücksichtigt und beobachtet werden müssen. Wird ein Dobermann regelmäßigen Untersuchungen unterzogen und hat er ständig einen der erwähnten Kaugegenstände zur Verfügung, um so seine eigene Zahnpflege zu betreiben, sollten keine weiteren Probleme auftreten.

Der alte Dobermann

Ab einem Alter von etwa sieben Jahren wird ein Dobermann als älterer bis alter Hund bezeichnet. An den jährlichen Abständen der Vorsorgeuntersuchungen ändert sich auch jetzt nichts, nur sollten diese nun schon etwas umfassender sein, besonders in Hinsicht auf die langsam beginnenden Alterserscheinungen. Deshalb sollten die Erstellung von Blutbildern, Urinanalysen, Röntgenaufnahmen des Brustbereichs und Elektrokardiogramme (Herzuntersuchung, EKG) in die regelmäßigen Untersuchungen einbezogen werden. Eine Früherkennung erhöht in jedem Fall die Heilungschancen, verkürzt die Behandlungsdauer und senkt natürlich auch die Kosten. Eine dem Alter des Tiers angemessene und ausgewogene Ernährung mit speziellen Futtersorten für ältere Hunde sowie gut proportionierte Bewegung im Freien, können die Entwicklung von altersbedingten Gesundheitsstörungen verlangsamen und dafür sorgen, daß sich der Dobermann auch bis ins hohe Alter wohlfühlt und gesund bleibt.

Wann ist Ihr Dobermann Pinscher krank

	Gesunder Hund	Kranker Hund
Augen	klar	gerötet, trübe, ständiges Reiben mit den Pfoten
Nase	sauber	Ausfluß, eitrig verklebt
Ohren	sauber	verkrustet, Ausfluß, übler Geruch, ständiges Kratzen oder Kopfschütteln
Fell	glänzend, anliegend	stumpf, struppiges Aussehen, Haarausfall eventuell mit Hautekzemen
Schleimhäute	rosafarben	blaß rosa bis weißlich oder rot entzündet
Zahnfleisch	rosafarben, gut durchblutet	weißlich, rot entzündet, käsiger, übelriechender Belag
Bewegungsapparat	fließende Bewegungen	Lahmheit, Bewegungsunlust, Schmerzlaute, Schwierigkeiten beim Aufstehen
Verdauung	fester Kot, keine Verschmutzungen des Fells im Analbereich	Durchfall, verschmutzte Analregion, häufiges Erbrechen, anhaltende Verstopfung, keine Kotabgaben, aufgeblähtes Abdomen
Temperatur	normal, 37,5 bis 39 °C	zu hoch, zu niedrig
Verhalten	aufmerksam, aktiv, Futter- und Wasserkonsum normal	apathisch, unkonzentriert, unregelmäßiges Fressen, Futterverweigerung, erhöhtes Trinkbedürfnis, Rastlosigkeit, Winseln, erhöhtes Ruhe- und Schlafbedürfnis

Das Erkennen genetisch bedingter Krankheiten beim Dobermann Pinscher

Es gibt eine Reihe von Krankheiten, die beim Dobermann besonders häufig auftreten. Bei einigen Erbkrankheiten konnte das verantwortliche Gen bereits ermittelt und isoliert werden, jedoch ist das leider nicht bei allen der Fall. Hier bleibt nur die Möglichkeit, die besonders betroffenen Rassen ausfindig zu machen, einen Weg zur einwandfreien Erkennung und effektiven Behandlung der Krankheit zu finden und entsprechende Vorsorgemaßnahmen zu treffen.

Die erweiterte Herzmuskelschwäche ist eine ernste Krankheit, die bei Dobermann Pinschern leider häufiger auftritt. Deshalb sind routinemäßige tierärztliche Untersuchungen, besonders in den mittleren Jahren, sehr wichtig.

Die im Folgenden genannten Krankheiten sind beim Dobermann besonders häufig nachzuweisen, wobei diese Aufstellung keinesfalls den Anspruch auf Vollständigkeit erhebt. Einige der genetisch bedingten Krankheiten können durchaus innerhalb bestimmter Zuchtlinien häufig sein, gelten jedoch in der Gesamtheit der Rasse als selten.

Hautentzündungen durch Dauerlecken

Es gibt nur wenige Gesundheitsprobleme, die einen Tierarzt dermaßen frustrieren können, wie Hautentzündungen dieser Art. Es handelt sich hierbei um ein Problem, das dadurch entsteht, daß ein Hund ständig und beinahe ohne Unterlaß eine bestimmte Stelle seines Körpers, meistens am Bein, leckt. Dieses Lecken ist so intensiv, daß nach nur kurzer Zeit die Haare und mehrere Hautschichten von dieser Körperstelle entfernt sind und eine offene Wunde zurückbleibt, die den Hund irritiert, deshalb weiterhin geleckt wird und dadurch nicht abheilen kann. Die tatsächliche Ursache für dieses Verhalten ist noch nicht eindeutig geklärt, und obwohl es viele Theorien gibt, ist die Frage, warum sich ein Hund so etwas antut, immer noch unbeantwortet. Es

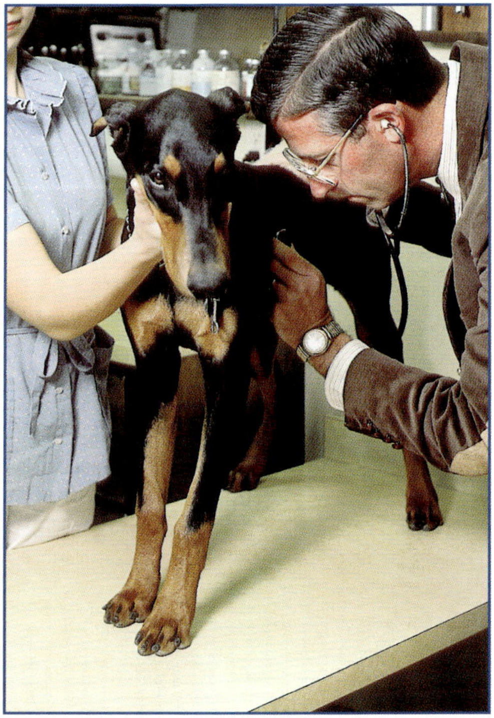

steht allerdings zu vermuten, daß permanente Langeweile, Streß oder auch Einsamkeit eine Rolle in der Entwicklung dieser Verhaltensstörung spielen könnten.
Anhand von Studien kann gesagt werden, daß dieses Problem sehr häufig bei Dobermann Pinschern auftritt und daß zweimal soviel Rüden wie Weibchen betroffen sind. Einige jüngst durchgeführte Untersuchungen haben ergeben, daß eventuell vorliegende, genetisch bedingte Nervenstörungen für das Dauerlecken verantwortlich sein könnten. Eine andere Theorie spricht dafür, daß ständige Langeweile der Auslöser sein könnte und letztlich zu einer Art Zwangsneurose wird. In jedem Fall ist es wichtig, zumindest den Versuch zu unternehmen, die Ursache zu ergründen, denn es könnte auch eine andere Krankheit dahinterstecken, deren Behandlung dann auch die Folgeerscheinung des Dauerleckens beheben kann. In vielen Fällen sind deshalb relativ aufwendige Untersuchungen wie Biopsien, das Anlegen von mikrobiologischen Kulturen und sogar Röntgenaufnahmen nötig, um eine Diagnose stellen zu können.
Die Behandlung ist oftmals frustrierend, besonders in den Fällen, in denen die Ursache nicht oder nur unzulänglich geklärt werden kann. Es ist ausgesprochen schwierig, die Erfolgschancen und die Art einer Behandlung einzuschätzen und festzulegen, wenn nur eine mutmaßliche Diagnose vorliegt. In den meisten Fällen werden entzündungshemmende Medikamente verabreicht, jedoch gibt es noch eine ganze Reihe von alternativen Behandlungsmethoden. Dazu gehören unter anderen auch Beruhigungsmittel, weibliche Geschlechtshormone, Mittel gegen Angstzustände und solche, die die Wirkung von Narkotika neutralisieren. Einige eher exotische Behandlungsarten, wie das Injizieren von Kobra-Antiserum seitlich der betroffenen Körperstelle, Radiotherapie und operative Eingriffe, sind zwar bereits zum Einsatz gekommen, konnten aber nur geringe Erfolge für sich verbuchen. Die derzeit beliebteste Behandlungsmethode besteht aus der Verabreichung von Medikamenten gegen Angstzustände und Depressionen, die dem mit dieser Krankheit verbundenen „Zwangsverhalten“ entgegenwirken sollen.
Aufgrund der Tatsache, daß der oder die Auslöser dieser Verhaltensstörung nach wie vor unklar sind, können an dieser Stelle auch keine vorbeugenden Maßnahmen aufgeführt werden. In jedem Fall aber sollten betroffene Hunde, deren Eltern und Welpen aus Sicherheitsgründen von der Zucht ausgeschlossen werden.

... und denken Sie dran

Werden Sie auf Abweichungen im normalen Verhalten Ihres Hundes aufmerksam, zögern Sie nicht, umgehend Ihren Tierarzt aufzusuchen. Eine rechtzeitig erkannte und behandelte Krankheit ist meistens schnell wieder vergessen – verschleppte Krankheitssymptome machen eine korrekte Diagnose schwierig und verlängern den Heilungsprozeß erheblich.

Jede Trübung oder Veränderung der Linse des Auges Ihres Dobermann Pinschers sollte umgehend vom Arzt untersucht werden.

Grauer Star (Katarakte)

Als Grauen Star wird jede Trübung der Linse des Auges bezeichnet, ganz gleich, wie klein oder groß sie auch sein mag. Spezialisten für Augenkrankheiten bei Hunden nehmen eine sehr feine Unterteilung solcher Erscheinungen vor, die auf der Basis des Krankheitsstadiums, dem Zeitpunkt des Ausbruchs und der Lage des befallenen Bereichs festgelegt wird.

Beim Dobermann wird die Krankheit dominant vererbt und tritt in unterschiedlichen Formen auf. Es muß also nur ein Elternteil Träger des defekten Gens sein, um die Krankheit an die Welpen zu vererben. In jedem Fall aber ist die Rasse für drei unterschiedliche Formen der Erkrankung besonders anfällig, die bei Junghunden als auch bei erwachsenen festgestellt werden können – kongenital, nuklear und kortikalm mit variabler Entwicklung. Perinukleare Katarakte sind eher progressiv und treten bei Junghunden auf, wohingegen posterior verkapselte Katarakte meistens nicht fortschreitend sind und eher bei bereits adulten Hunden auftreten. Die erste Form tritt im Zusammenhang mit unterschiedlichen anderen Defekten wie Vitreo-Netzhautdysplasie und Chondrodysplasie auf. Viele Hunde gewöhnen sich an die durch die Krankheit verursachte Beeinträchtigung ihrer Sehfähigkeit, jedoch ist die chirurgische Entfernung von Katarakten möglich und meistens auch erfolgreich. Trotzdem sollten an Grauem Star erkrankte Hunde und deren Welpen nicht für die Zucht verwendet werden und unter ständiger tierärztlicher Kontrolle stehen.

Instabilität der Halswirbelsäule

Diese Erkrankung, die auch als „Wackelsyndrom" oder auch „Wobbler-Syndrom" bezeichnet wird, entsteht durch eine Instabilität der Bandscheiben der Halswirbelsäule. Auch hier gehört der Dobermann wieder zu den Rassen, die am häufigsten befallen werden. Die geschwächte Bandscheibe verursacht Druck auf das Rückenmark, wodurch es zu heftigen Genickschmerzen kommt. Bei derart erkrankten Dobermann Pinschern zeigen sich die ersten Symptome gewöhnlich zwischen dem dritten und 18 Lebensmonat, wohingegen klinische Anzeichen bei Dobermann Pinschern, eine der anderen betroffenen Rassen, erst sehr spät, nämlich im Alter von vier bis zehn Jahren auftreten.

Die typischen Symptome dieser Krankheit gehen unter anderen mit einer Verengung des Zentralkanals der Wirbelsäule und einem zunehmenden Druck auf das Rückenmark einher. Die Ergebnisse eingehender Untersuchungen lassen vermuten, daß beispielsweise ein Calciumüberschuß, genetische Faktoren und Übergewicht in die Entstehung der Krankheit verwickelt sind. Die Diagnose erfolgt gewöhnlich anhand von Röntgenaufnahmen. Oftmals werden auch spezielle Färbemittel in das Rückenmark injiziert (Myelographie), um den Defekt besser darstellen zu können. Strengste Ruhe und die Verabreichung von entzündungshemmenden Mitteln, meistens Corticosteroide (Extrakte aus der Nebennierenrinde), werden umgehend verordnet, um die Entzündung im Zentralkanal der Wirbelsäule auszuheilen. Diese konservative Behandlung trägt zwar meistens zu einer erheblichen Abschwächung der klinischen Symptome bei, ist jedoch nicht in der Lage, den eigentlichen Schaden zu beheben. Einige Hunde können über einen relativ langen und vom Arzt kontrollierten Zeitraum mit Cortison behandelt werden, jedoch treten bei den meisten letztendlich ernste Nebenwirkungen auf. Wenn nicht bereits eine dauerhafte Schädigung vorliegt, können eine operative Dekompression des Rückenmarks und eine Stabilisierungstherapie in Erwägung gezogen werden.

Eine Form der Vorbeugung ist in diesem Krankheitsfall das Vermeiden von zu calciumhaltigem Futter und der Verzicht auf zusätzliche Calciumgaben sowie mehrere kleine Mahlzeiten anstatt einer großen täglich. Auch hier müssen die betroffenen Hunde sowie auch deren nähere Verwandte von der Zucht ausgeklammert werden.

Farbmutations-Alopezie

Hierbei handelt es sich um eine Krankheit, die sich durch einen fleckigen, lichten Fellwuchs bemerkbar macht. Dieses Erscheinungsbild tritt bei Tieren auf, die für unnatürliche Fellfarben gezüchtet werden, wie beilspielsweise auch der blaue oder falbenfarbene Dobermann. Diese Farben mögen ausgesprochen interessant aussehen, jedoch verkümmern die Haarfollikel mit der Zeit, was in einer Reihe von Haut- und Fellproble-

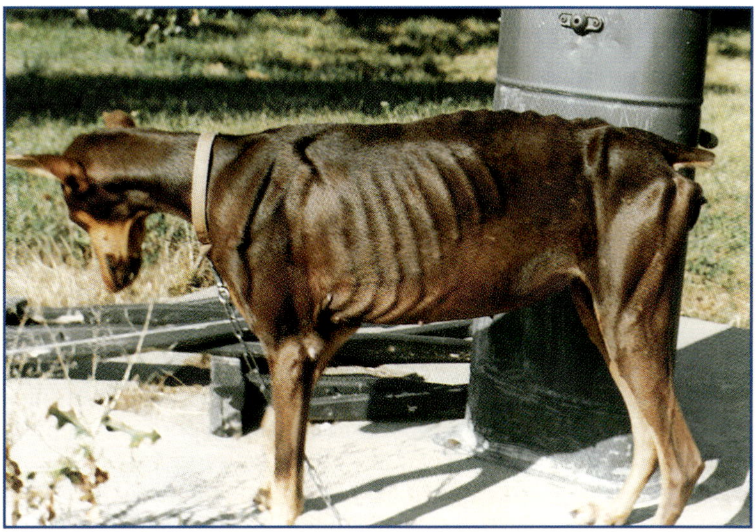

Ali litt unter einer Portosystemischen Aderweiche, was zu einem Leberversagen führte; sie starb noch bevor sie ein Jahr alt wurde. Ihr Vater starb nur acht Monate später an der selben Anomalie. Besitzer: Robin Nuttall

men resultiert. Nahezu jeder blaue und falbenfarbene Dobermann leidet unter diesem Zustand.
Bei den Welpen ist der Fellwuchs noch normal, doch letztendlich fallen die unnatürlich gefärbten Haare aus, die Haut wird trocken und schuppig. Um die Krankheit zu diagnostizieren, reicht die Untersuchung eines dieser fehlfarbenen Haare unter dem Mikroskop aus. Die Durchführung einer Biopsie durch einen Pathologen ist ein anderer möglicher Weg. Es gibt keine Möglichkeit der Heilung, weshalb die verordnete Behandlung mit medizinischen Shampoos und Feuchtigkeitscremes ein Leben lang andauert.
Die beste Vorbeugung in diesem Fall ist, sich keinen Falben oder blauen Dobermann anzuschaffen – der größte Fehler ist es, diese Tiere zu züchten. Diese fehlfarbenen Hunde benötigen mehr Pflege als der durchschnittliche Halter zu geben bereit ist. Sie sollten deshalb auch bei der Auswahl eines „normalen" Welpen darauf achten, daß aus dessen Zuchtlinie keine unnatürlich gefärbten Tiere hervorgegangen sind, denn das würde bedeuten, daß der Welpe Träger des verantwortlichen Gens ist und somit nicht zur Zucht benutzt werden sollte.

Rote Räude

Demodex-Milben, die Verursacher von Räude, leben auf der Haut jeden Hundes, ohne eine wirkliche Gefahr für dessen Gesundheit darzustellen. Wird ein Hund aber mit einem defekten Immunsystem geboren, dann können sich die Milben unkontrolliert vermehren und Probleme verursachen. Leider zählt der Dobermann auch hier wieder zu den Rassen, bei denen die meisten Fälle von Roter Räude auftreten. Obwohl angenommen wird, daß es sich hier um ein genetisches Problem handelt, konnte diese Annahme bis heute nicht zweifelsfrei nachgewiesen werden.
Die meisten Krankheitsfälle treten bei jungen Welpen auf. Bei ungefähr 90 % dieser Welpen ist bis zum Erreichen der immunologischen Reife, im Alter von 18 bis 36 Monaten, eine Selbstheilung festzustellen, die mit nur wenig oder gar keiner medizinischen Unterstützung verläuft. In diesen Fällen steht zu vermuten, daß das Immunsystem nur bedingt gestört ist, sich letztlich weiterentwickelt und den Zustand unter Kontrolle bringt. Bei den verbleibenden etwa 10 % der befallenen Welpen tritt jedoch keine Besserung ein. Ganz im Gegenteil ist hier eine progressive Verschlechterung festzustellen, was auf eine eher schwere Unterentwicklung des Immunsystems schließen läßt.
Die Symptome äußern sich anfangs durch kleine, leicht schuppende, gerötete und haarlose Stellen an den befallenen Körperteilen. Daraus entstehen später viele kleine, zum Teil eitrige Pusteln sowie blaurote, knotig verdickte, kahle Stellen.
Die Diagnose ist einfach. Der Tierarzt schabt mit einer Skalpellklinge etwas Haut ab und untersucht diese Probe unter dem Mikroskop. Die Demodex-Milben sind zigarrenförmig und leicht zu identifizieren. Was dagegen viel schwieriger zu erkennen ist, ist der immunolo-

gische Defekt, der es erst zu diesem Krankheitsbild kommen läßt. Neuesten Untersuchungsergebnissen nach könnte das Problem mit einer verminderten Interleukin-2-Reaktion in Zusammenhang stehen, jedoch steht auch die Genetik nach wie vor zur Diskussion.
Wenn die Ursache für die Immunschwäche behoben werden kann, dezimiert sich auch der Milbenbestand. Gleichermaßen verhält es sich, wenn sich das Immunsystem des Welpen selbständig erholt, somit voll funktionstüchtig wird und eine Selbstheilung eintritt. Dieser Entwicklungsprozeß kann durch eine gesunde Ernährung, vorbeugende Behandlungen gegen eventuell vorhandene Innenparasiten, sofortige medizinische Hilfe bei anderen Erkrankungen, den Gebrauch von Anti-Milben-Shampoos und nährstoffreiche, das Immunsystem stärkende Futterbeigaben unterstützt werden. Normalisiert sich der Zustand nicht selbständig oder tritt trotz Behandlung eine Verschlechterung ein, dann wird der Einsatz spezieller Medikamente zum Abtöten der Milben erforderlich. Dazu eignen sich am besten bestimmte Bademittel oder auch andere Produkte wie verschiedene Puder, die beim Tierarzt erhältlich sind. Doch auch hier muß beachtet werden, daß das Abtöten der Milben keinen Beitrag zur Wiederherstellung eines intakten Immunsystems leistet.

Die einzige Maßnahme zur Vorbeugung, die hier genannt werden kann, ist der gute Rat, derart erkrankte Hunde sowie deren Eltern und Welpen von der Zucht auszuschließen. Auch wenn eine genetisch bedingte Ursache bis heute nicht nachweisbar ist, wäre es dennoch verantwortungslos, den Genpool kommender Generationen durch das Züchten mit solchen Exemplaren zu belasten.

Herzmuskelschwäche (Herzmuskeldehnung)

Hier haben wir es mit einem defekten Herzmuskel zu tun, oder genauer gesagt, der Herzmuskel wird schwach, leiert aus und ähnelt einem nicht aufgeblasenen Luftballon. In diesem Zustand ist der Muskel natürlich keine effektive „Pumpe“ mehr, weshalb unter dieser Krankheit leidende Hunde letztendlich an Herzversagen sterben. Die Dobermann Pinscher repräsentieren die Rasse, die am häufigsten ein derartiges Krankheitsbild aufweisen.
Auch hier besteht Anlaß zu der Vermutung, daß die Ursache der Krankheit genetisch bedingt ist, jedoch liegen noch keine Langzeituntersuchungen vor, die diesen Verdacht bestätigen könnten. Bei einigen Rassen haben ernährungswissenschaftliche Untersuchungen erge-

Um die Gesundheit der nachfolgenden Generationen zu sichern, sollten alle zur Zucht bestimmten Dobermann Pinscher vorher auf erblich bedingte Krankheiten untersucht werden.

ben, daß ein Zusammenhang zwischen der Krankheit und L-Cartinit, Taurin oder Coenzym Q bestehen könnte. Beim Boxer scheint eine autosomal-genetische Verbindung zu existieren, die vermutlich dominanter Natur ist. Kürzlich durchgeführte Untersuchungen am Amerikanischen Cocker Spaniel lassen vermuten, daß Taurin (eine Aminosäure) ein Faktor sein könnte, wie es auch bei jener Form der Krankheit nachgewiesen ist, die Katzen befällt. Wie dem auch sei, es ist unmöglich, die Forschungsergebnisse einer Rasse auf eine andere zu übertragen. Bis diese Forschungsreihen am Dobermann abgeschlossen sind, bleiben uns nur die bereits erwähnten Vermutungen. Damit jedoch noch nicht genug der Unsicherheit und des Rätselratens, denn einige Forscher haben den Verdacht, daß auch Viren eine Rolle spielen könnten, denn Untersuchungen haben ergeben, daß diese Herzkrankheit beim Menschen durch Viren ausgelöst wird.

Im Frühstadium der Krankheit erscheinen die betroffenen Hunde völlig normal. Der Halter wird in vielen Fällen erst aufmerksam, wenn die ersten Symptome für ein sich anbahnendes Herzversagen auftreten. Frühe Anzeichen können Bewegungsunlust, allgemeine Schwäche, Atmungsbeschwerden, mangelnder Appetit oder auch unerklärliche Ohnmachtsanfälle sein. Bei einigen Rassen und dem Dobermann im Besonderen, kann jedoch sehr wohl erst der plötzliche Tod durch Herzversagen der Hinweis darauf sein, daß etwas nicht stimmte. Aus diesem Grund sind regelmäßige Vorsorgeuntersuchungen beim Tierarzt ausgesprochen wichtig, besonders bei jungen Hunden und solchen in den mittleren Jahren. In einigen Fällen können beim Abhören ein charakteristisches Herzrasseln und andere verdächtige Geräusche zu hören sein. Oftmals ist der Herzschlag beschleunigt, was auf ein Arterienflimmern, eine häufige Folge der Herzmuskelschwäche, hinweisen kann. In den meisten Fällen sind jedoch Röntgenaufnahmen, Elektrokardiogramme (EKG) und Echokardiogramme (Ultraschalluntersuchungen) notwendig, um eine eindeutige Diagnose zu stellen. Bei den meisten Rassen zeigen die Röntgenaufnahmen dann ein vergrößertes Herz, jedoch scheint der Dobermann hier die berühmte Ausnahme zu sein. Bei ihr verändert sich die Herzgröße erst in einem relativ späten Stadium der Krankheit. Ultraschalluntersuchungen sind schmerzlos und für die Diagnose ausgesprochen hilfreich, und gleichermaßen verhält es sich mit Elektrokardiogrammen (EKG). Untersuchungen haben gezeigt, daß bei den meisten betroffenen Hunden und speziell Dobermann Pinschern, unregelmäßige Herzkammerkontraktionen festzustellen sind, die wiederum einen Hinweis auf ein erhöhtes Risiko für die Entwicklung einer Herzmuskelschwäche darstellen. Diese Störung muß nicht auf jedem EKG erscheinen, weshalb ein 24-Stunden-EKG (Langzeit-EKG), so wie es auch beim Menschen durchgeführt wird, zu empfehlen ist.

Die Herzmuskelschwäche gehört zu den Krankheiten, für die es keine Heilungs-

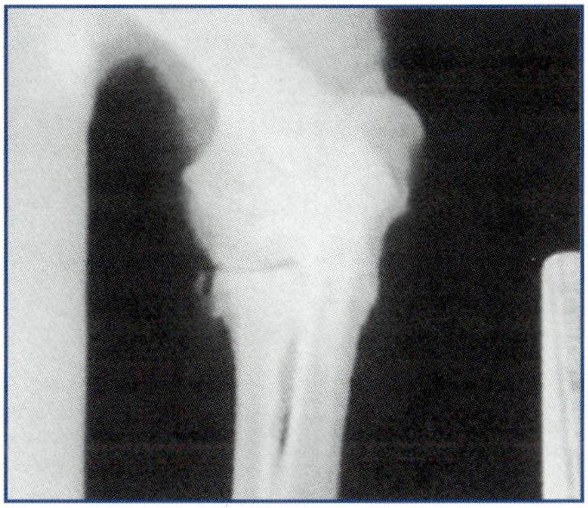

Ein fragmentöser Koronoidprozeß des Ellbogens, also eine Ellbogengelenksdysplasie.
Mit Dank an Dr. Jack Henry.

methode gibt, jedoch sprechen einige Rassen gut auf die Verabreichung großzügig dosierter, spezieller Nährstoffe an. Andererseits liegen bisher beim Dobermann keine Anhaltspunkte für einen Zusammenhang der Krankheit mit ernährungsbedingten Unausgeglichenheiten vor. Da solche speziellen Nährstoffe völlig ungefährlich für die Gesundheit des Hundes sind, ist gegen Nährstoffbeigaben in Form von L-Carnitin, Taurin und Coenzym Q nichts einzuwenden, auch wenn ihre definitive Wirksamkeit beim Dobermann nicht erwiesen ist. Digoxin (ein Digitalisderivat) wird, wie auch Beta-1-Blocker und Vasodilatoren, oftmals bei der Behandlung der Krankheit eingesetzt. Milrinon, ein noch experimentelles Medikament, hat sich bei Hunden mit Herzmuskelversagen als äußerst effektiv erwiesen, ist jedoch derzeit noch nicht auf dem Markt erhältlich. Alle Hunde mit Herzmuskelschwäche, die ausschließlich mit Medikamenten behandelt werden, sterben letztendlich.

Zum jetzigen Zeitpunkt gibt es keine wirksamen Maßnahmen zur Vorbeugung gegen die Krankheit. Die sicherste Lösung ist deshalb die, Abstand von Welpen zu nehmen, die aus einer derart vorbelasteten Zuchtlinie stammen. Bei vielen Rassen sollte deshalb die medizinische Vorgeschichte der letzten drei oder besser noch vier Generationen zurückverfolgt werden.

Ellbogengelenksdysplasie

Diese Erkrankung entsteht durch eine anormale Entwicklung der Elle, einem der Unterarmknochen. Das Resultat ist ein instabiles Ellbogengelenk und damit verbundene Lahmheit. Dieser Zustand wird, genau wie bei der Hüftgelenksdysplasie, durch eine häufige Inanspruchnahme des Gelenks verschlimmert.

Für diesen Zustand ist genaugenommen nicht nur ein Faktor, sondern gleich eine ganze Reihe unterschwelliger Probleme verantwortlich, die alle das Ellbogengelenk belasten. Dazu gehören neben der oben bereits angesprochenen degenerierten Elle auch eine mittig unvollständig ausgebildete Knochenkrone, die Osteochondrose der medianen Gelenkhöcker der Schulter oder eine unvollständige Verknöcherung derselben. Diese Krankheitsbilder treten am häufigsten bei Junghunden auf, die bereits im Alter zwischen vier und sieben Monaten die ersten Symptome zeigen. Diese äußern sich gewöhnlich in Form plötzlich eintretender Lahmheit, die durch die anhaltende Entzündung des betroffenen Gelenks später in Arthritis übergeht. Obwohl der Dobermann oftmals als eine der besonders für Ellbogengelenksdysplasie anfälligen Rassen aufgelistet wird, sagen Langzeituntersuchungen genau das Gegenteil aus. Statistiken der Orthopedic Foundation for Animals in USA zeigten, daß per Stand 31. Dezember 1994 weniger als 3 % aller dort untersuchten Dobermann Pinscher Anzeichen für eine Ellbogengelenksdysplasie aufwiesen. Dennoch sind die Züchter dazu angehalten, ihre Zuchttiere weiterhin dahingehend testen und die Ergebnisse registrieren zu lassen, denn es besteht eine gute Chance, die Krankheit auf diese Weise völlig aus der Rasse zu eleminieren.

Die Diagnose erfolgt anhand von Röntgenaufnahmen. Werden bis zu einem Alter von 24 Monaten keine Anzeichen für diese Anomalie nachgewiesen, kann das Tier zum Züchten eingesetzt werden. Die Schwere der bei dieser Untersuchung nachgewiesenen Fälle wird in die Grade I bis III unterteilt. Ein Grad III-Fall zeigt ein deutlich degeneriertes Ellbogengelenk. Vor einigen Jahren noch wurden Hunde mit einem Grad I-Ergebnis zur Zucht zugelassen, jedoch sind die diesbezüglichen Bestimmungen glücklicherweise inzwischen geändert worden, so daß auch die „leichten" Fälle heute nicht mehr als zuchttauglich zugelassen sind.

Es gibt deutliche Hinweise darauf, daß Osteochondrose der Ellbogengelenke vererbbar ist und vermutlich durch mehrere Gene kontrolliert wird. Untersuchungen am Labrador Retriever haben als vorläufiges Ergebnis ebenfalls gezeigt, daß auch hier die Vermutung naheliegt, daß die unterschiedlichen Formen der bei dieser Rasse auftretenden Ellbogengelenksdysplasie unabhängig vererbbar sind. Hunde, deren Testergebnisse negativ sind und die trotzdem Nachkommen mit Anzeichen für diese Krankheiten produzieren, sollten nicht weiterhin zur Zucht verwendet werden. Es gibt aber auch Anhaltspunkte dafür, daß noch andere Faktoren bei diesen Krankheiten eine Rolle spielen könnten, wie beispielsweise eine sehr kalorienreiche Ernährung, in der auch große Mengen von Calcium und Proteinen enthalten sind und die so die Entwicklung von Osteochondrose bei gefährdeten Hunden fördert. Auch ungeregelte und übertrieben ausgeführte körperliche Aktivitäten können oftmals zu Verletzungen der Knochenknorpel führen und sind somit ebenfalls als Risikofaktoren zu betrachten.

Die Handhabung von Osteochondrose bei Hunden ist ein ausgesprochen kontroverses Thema. Viele Fachleute raten zu einer operativen Entfernung der geschädigten Knorpelteile, um dadurch einer permanenten Schädigung vorzubeugen. Andere wieder empfehlen die Anwendung von konservativen Therapien, die auf viel Ruhe und schmerzstillenden Medikamenten beruhen. Das am häufigsten verabreichte Mittel ist dabei Aspirin. Die meisten Tierärzte sind sich darin einig, daß die Anwendung von kortisonartigen Verbindungen mehr Probleme verursacht als bei der Behandlung behoben werden. Es steht jedoch in jedem Fall fest, daß einige Hunde auf solche Behandlungsmethoden ansprechen, während andere eindeutige Kandidaten für eine Operation sind. Wird ein solcher Eingriff durchgeführt, bevor

bereits eine deutliche Dauerschädigung des Gelenks vorliegt, dann wird er dem Tier in jeder Beziehung Erleichterung verschaffen.

Hautnuckeln an den Körperflanken

Diese zugegebenermaßen merkwürdige Bezeichnung bezieht sich auf eine bisher nur schlecht erforschte Gesundheitsstörung. Sie äußert sich bei den betroffenen Hunden, überwiegend Dobermann Pinschern, durch fortgesetztes, intensives Saugen oder „Nukkeln" an Hautstellen der Körperseiten. Über die Ursache dieser Verhaltensstörung gibt es zwar viele Hypothesen, jedoch konnte bisher keine davon wissenschaftlich bestätigt werden. Jüngste Vermutungen deuten darauf hin, daß es sich um eine Art von psychomotorischer Epilepsie oder ein stereotypes Zwangsverhalten handeln könnte. Was auch immer die tatsächliche Ursache sein mag, dieser Zustand kann sowohl für den Hund als auch für den Halter aus-

Langzeituntersuchungen haben gezeigt, daß der Dobermann nicht besonders anfällig für Ellbogengelenksdysplasie. Foto: Robert Smith

gesprochen belastend sein, auch wenn er nur selten mit einer tatsächlichen Krankheit einhergeht.
Die Behandlung nimmt gewöhnlich einen enttäuschenden Verlauf, denn schließlich kann hier nur das Symptom, nicht jedoch die Ursache behandelt werden. Trotzdem ist die Lebensqualität der betroffenen Hunde nur in den seltensten Fällen davon beeinflußt. Bei einigen Hunden hat sich das Tragen einer Halskrause bewährt, die dem Tier den Zugriff auf seine Körperseiten verwehrt. Allerdings wird das Nuckeln dadurch meistens nur so lange verhindert, bis die Halskrause wieder entfernt wird – danach tritt das Problem erneut auf. In manchen Fällen hilft das Auftragen von bitterschmeckenden Substanzen auf die betroffenen Hautstellen, jedoch wird die Substanz bisweilen einfach abgeleckt, ohne daß sich die Hunde an dem abschreckenden Geschmack zu stören scheinen. Verhaltensmodifikationen durch pädagogische Umerziehungsmaßnahmen können erfolgreich sein, vorausgesetzt der Hund befindet sich unter ständiger Aufsicht – anderenfalls ist auch diese Vorgehensweise gewöhnlich nur von vorübergehendem Erfolg. Letztlich bleibt noch die Behandlung mit Medikamenten wie beispielsweise Fluoxetin oder Clomipramin, die normalerweise bei Zwangsverhalten angewandt werden oder solche wie Primidon, ein Mittel gegen Epilepsie. Diese Medikamente können in einigen Fällen zu sehr befriedigenden Ergebnissen führen, sollten jedoch als letzte aller Möglichkeiten betrachtet werden, denn sie müssen oftmals lebenslang verabreicht werden. Obwohl die Ursache für dieses „Hautnuckeln" noch nicht geklärt werden konnte, sollten derart belastete Dobermann Pinscher nicht zur Zucht verwendet werden. Derzeit gibt es bereits zumindest mutmaßliche Anhaltspunkte dafür, daß es sich eventuell um einen innerhalb einer Blutlinie vererbbaren Zustand handeln könnte.

Aufgeblähtheit und Magenverschlingung

Blähungen treten immer dann auf, wenn der Magen mit größeren Luftmengen gefüllt wird. Das Verschlucken großer Mengen Luft geschieht meistens dann, wenn der Hund ausgelassen herumtollt, sein Futter gierig hinunterschlingt, hastig trinkt oder unter Streß steht. Obwohl es jederzeit zu Blähungen kommen kann, tritt dieser Zustand dennoch am häufigsten bei älteren und bei zu Blähungen neigenden Hunden auf. Erstaunlicherweise liegt die Wahrscheinlichkeit für Blähungen bei reinrassigen Hunden dreimal höher als bei Mischlingen. Der Dobermann gehört auch hier wieder zu den Rassen, denen eine häufige Anfälligkeit für diesen Zustand nachgesagt wird. Neueste Untersuchungsergebnisse belegen jedoch, daß der Dobermann längst nicht so oft unter Blähungen leidet, wie andere Rassen mit tiefem Brustkorb. Dazu gehören auch die Deutsche Dogge, Weimaraner, Bernhardiner, Gordon Setter, Irish Setter, Boxer und Großpudel.
Blähungen sind allgemein betrachtet lediglich unangenehm; es sind eher die

Blähungen können nicht völlig verhindert werden. Es kann jedoch einiges zu ihrer Verhinderung getan werden. So sollten Sie Ihren Hund eine Stunde vor und nach den Mahlzeiten von Aktivitäten wie Herumrennen und anderen körperlichen Anstrengungen abhalten.
Foto: Archiv bede-Verlag

möglichen Konsequenzen, die daraus einen lebensbedrohenden Zustand machen. Zuviel Luft im Magen bläht diesen wie einen Ballon auf, und es kann zu einer Magenverdrehung oder -verschlingung kommen. Hierdurch werden beide Magenöffnungen blockiert sowie die Blutzufuhr zum Magen und den anderen Verdauungsorganen unterbrochen. Eine solche Magenverschlingung verschlimmert nicht nur die Blähungen, sondern ermöglicht dazu noch die Freisetzung von Giften und deren Einleitung in den Blutkreislauf wie auch das Absterben von blutabhängigem Gewebe. Wird dieser Entwicklung nicht umgehend entgegengewirkt, resultiert das Ganze innerhalb von vier bis sechs Stunden im Tod des Hundes.

Durchschnittlich gesehen sterben etwa ein Drittel aller Hunde, die unter einer Magenverdrehung leiden, selbst noch in der Tierklinik unter fachärztlicher Versorgung. Anzeichen für einen solchen Zustand sind allgemeines Unwohlsein, Ruhelosigkeit, Niedergeschlagenheit und ein aufgeblähtes Abdomen. In einem solchen Zustand benötigt der Hund umgehend tierärztliche Hilfe, denn es besteht eine akute Schock- und Lebensgefahr. Es stehen eine Reihe unterschiedlicher Operationsmethoden zur Auswahl, um einen verdrehten Magen wieder in seine korrekte Lage zu bringen. Außerdem ist eine intensive medizini-

sche Therapie gegen den Schock, eine Übersäuerung und die Wirkung der freigesetzten Gifte erforderlich.
Blähungen lassen sich nicht völlig verhindern, jedoch kann Einiges dazu getan werden, um das Risiko so weit wie möglich einzudämmen. Dazu gehört auch, daß Sie den vollen Freßnapf nicht irgendwo herumstehen lassen, damit sich der Hund bedienen kann, wann immer er dazu Lust verspürt. Außerdem ist die Einteilung der täglichen Futterration in drei oder mehr Portionen von Vorteil. Weitere Hinweise zu diesem Thema konnten bereits im Kapitel „Ernährung" nachgelesen werden. Bei Hunden, die am Schutzhundtraining teilnehmen, ist außerdem unbedingt darauf zu achten, daß zwischen der letzten Fütterung und dem Beginn der Trainingsstunde mindestens fünf Stunden liegen. Die Aufregung und körperliche Anstrengung während des Trainings stellen ein nicht zu unterschätzendes, erhöhtes Risiko für eine Magenverschlingung dar. Obwohl einige Hunde Probleme bei der vollständigen Verdauung von Soja haben, ist die Behauptung, daß mit Soja angereichertes Futter die Bildung von Blähungen fördern würde, bisher völlig unbestätigt – Blähungen entstehen beim Hund durch verschluckte Luft und nicht durch im Verdauungssystem produzierte Gase.

Hüftgelenksdysplasie

Das Auftreten von Hüftgelenksdysplasie ist für insgesamt 79 Hunderassen nachgewiesen. Es handelt sich hierbei um eine genetisch bedingte Mißbildung der Gelenkkugel und der Gelenkpfanne mit klinischen Anzeichen für keine bis schwere Hüftlahmheit. Die ersten Symptome können sich bereits sehr früh, nämlich in einem Alter von nur fünf Monaten bemerkbar machen, jedoch kommt es nicht selten vor, daß das erst im Alter von zwei Jahren der Fall ist. Die Feststellung der Anomalie kann durch Röntgenaufnahme erfolgen.
Die krankhafte Veränderung des Gelenks beginnt innerhalb der ersten 24 Lebensmonate, in denen sich dann entscheidet, ob und in welcher Schwere die Krankheit ausbricht. Die Erbmasse dieser Hunde ist jedoch in jedem Fall vorbelastet, was sie automatisch aus der weiteren Zucht ausschließt. Auch hier wird nach Grad I bis Grad IV-Fällen unterschieden.
Heute ist es anhand verschiedener Faktoren möglich zu beurteilen, ob sich bei einem Hund mit nachgewiesenen Anzeichen für Hüftgelenksdysplasie letztlich auch Symptome entwickeln werden. Zu den dabei zu beurteilenden Faktoren gehören die Körpergröße, der Körperbau, Wachstumsmerkmale sowie der Kaloriengehalt und das Elektrolytgleichgewicht in der Ernährung des betreffenden Tiers. Der Dobermann wird allgemein zu den Rassen gezählt, die als für Hüftgelenksdysplasie anfällig gelten. Basierend auf den jüngsten Forschungsergebnissen der OFA (Orthopedic Foundation for Animals in den USA) mit Stand Januar 1995, wurden jedoch weniger als 7 % aller dort getesteten Dobermann Pinscher mit klaren Anzeichen für Hüftgelenksdysplasie diagnostiziert. Damit wird bestätigt, daß inner-

halb der Rasse ein Rückgang der Krankheit um 60 % zu verzeichnen ist. Das sind durchaus gute Nachrichten.
Bei der Auswahl eines Dobermann Pinschers sollten Sie sich unbedingt vergewissern, daß die Elterntiere beide nachweislich frei von Anzeichen für Hüftgelenksdysplasie sind. Kaufen Sie trotzdem einen Welpen mit einer Veranlagung für diese Krankheit, können Sie einiges tun, um das Risiko für das Auftreten von

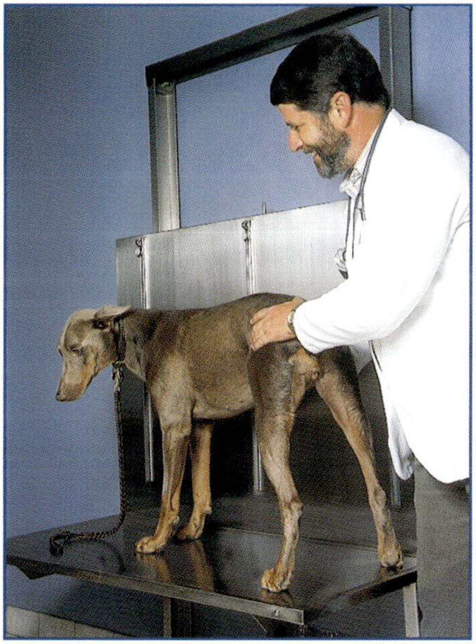

Symptomen einzudämmen. Sie sollten beispielsweise ein Futter mit einem nicht zu hohen Proteingehalt auswählen und die Super-Premium-Marken sowie solche mit hohem Kaloriengehalt meiden. Außerdem sollten Sie generell mehrere kleine Mahlzeiten am Tag verabreichen und auf alle zusätzlichen Nährstoffbeigaben wie Calcium-, Phosphat- oder Vitamin D-Supplemente verzichten. Ein weiterer Punkt sind kontrollierte Aktivitäten mit dem Welpen wie Spaziergänge an der Leine, anstatt den Hund ausgelassen herumtollen oder sogar auf, über oder von Dingen springen zu lassen. Dadurch würden die noch im Wachstum befindlichen Gelenke über Gebühr belastet und die bereits vorhandene Neigung zu Hüftgelenksdysplasie würde begünstigt werden.
Die Tatsache, daß Sie vielleicht einen Hund mit Hüftgelenksdysplasie besitzen, bedeutet jedoch noch nicht, daß alles verloren ist und Sie das Tier besser einschläfern lassen sollten. Das klinische Bild dieser Krankheit ist ausgesprochen vielgestaltig. Es kann sogar passieren, daß Hunde mit einer schweren Grad III-Diagnose kaum durch Schmerzen beeinträchtigt werden, wohingegen andere mit nur einer schwachen Veranlagung unter Umständen unter heftigen Schmerzen zu leiden haben. Der eigentlich ausschlaggebende Punkt bei dieser Erkrankung ist der, daß die Dysplasie der Hüftgelenke die Entstehung von degenerativen Gelenkkrankheiten wie der Osteoarthritis oder Osteoarthrose begünstigt, die letztendlich in der völligen Unbrauchbarkeit der Gelenke resultieren. In einem frühen Stadium sind Medikamente wie Aspirin und andere entzündungshemmende Mittel hilfreich, jedoch ist eine Operation bei Fällen von starken Schmerzen, einer erheblichen Beeinflussung der Bewegungsabläufe oder bei einem Ausbleiben der Reakti-

Hier eine Röntgenaufnahme von einem Hund mit völlig intakten Hüftgelenken. Keine Anzeichen für Hüftgelenksdysplasie.

on auf verabreichte Medikamente unumgänglich.

Schilddrüsenunterfunktion

Hormonelle Funktionsstörungen der Schilddrüse konnten bei über 50 Hunderassen nachgewiesen werden. Es ist die am häufigsten auftretende Drüsenerkrankung bei Hunden im Allgemeinen und bei Dobermann Pinschern im Besonderen. Die Krankheit entsteht durch eine Unterfunktion der Schilddrüse, das heißt durch eine Unterproduktion der Schilddrüsenhormone. Verantwortungsbewußte Züchter lassen ihre Hunde daraufhin untersuchen, sobald sie feststellen, daß eine derartige Krankengeschichte in der gesamten Rasse oder einer speziellen Zuchtlinie vertreten ist. Die Krankheit beginnt ihre Entwicklung am häufigsten in einem Alter zwischen einem und drei Jahren, wobei klinische Anzeichen erst in späteren Jahren erkennbar werden. Leider sind diesbezüglich eine ganze Reihe von Falschinformationen in Umlauf. Viele Hundehalter glauben beispielsweise, daß ein derart erkrankter Hund plötzlich zu Übergewicht neigen müsse und ignorieren deshalb alle anderen Symptome. Tatsächlich ist das Krankheitsbild aber sehr variabel, und Übergewicht tritt nur sehr selten in Erscheinung. In den meisten Fällen erscheinen die Hunde kern-

Die Von-Willebrandt-Krankheit kommt zum Glück in Deutschland bei Hunden eher selten vor. Durch Bluttransfusion mit dem Blut gesunder Hunde ist in vielen Fällen eine Heilung möglich. Foto: Archiv T.F.H.

gesund, bis der Großteil ihrer Schilddrüsenhormone aufgebraucht ist und sich die ersten Symptome wie ein Mangel an Energie und periodisch auftretende Infektionen einstellen. Bei einem Drittel aller Krankheitsfälle ist auch Haarausfall festzustellen.
Im Allgemeinen wird angenommen, daß die Diagnose in einem solchen Fall recht einfach sei, jedoch entspricht das nicht ganz den Tatsachen. Der Körper verfügt über ziemlich große Reserven an Schilddrüsenhormonen, so daß eine einfache Blutuntersuchung zur Feststellung des Hormongehaltes nicht zuverlässig ist. Stimulationstests der Schilddrüse sind dagegen der bessere und effektivere Weg zu einer Früherkennung.
Gerade weil der Dobermann so anfällig für solcherlei Funktionsstörungen der Schilddrüse ist, sind regelmäßige Tests besonders wichtig. Obwohl keine dieser Untersuchungen wirklich hundertprozentig zuverlässig ist, geben sie doch wertvolle Hinweise auf möglicherweise vorhandene Anzeichen einer solchen Krankheit und ermöglichen so ein vorbeugendes Eingreifen.
Die Behandlung einer Schilddrüsenunterfunktion ist problemlos und nicht besonders teuer und besteht darin, daß dem Tier täglich angemessene Mengen von funktionsregulierenden Medikamenten verabreicht werden. Wird die Erkrankung nicht behandelt, kann das Tier unter ernsten Beschwerden leiden, die seine Gesundheit auf längere Sicht völlig ruinieren werden. In jedem Fall sind derart erkrankte Hunde von der Zucht auszuschließen.
Da Schilddrüsenhormone das Herz beeinflussen und der Dobermann auch für verschiedene Herzkrankheiten besonders anfällig ist, sollten nur solche Exemplare mit Schilddrüsenhormonen behandelt werden, bei denen eine nachgewiesene schwere Funktionsstörung der Schilddrüse vorliegt.

Leberkrankheit

Einige Hunde neigen zur Entwicklung von Leberkrankheiten, die im Zusammenhang mit genetisch bedingten Defekten des Stoffwechsels stehen. Dadurch kommt es zu Kupferansammlungen in der Leber, die wiederum in Vergiftungen resultieren. In diesem Fall gehört die Rasse des Dobermann Pinschers zwar nicht zu den am häufigsten betroffenen – das ist nämlich der Bedlington Terrier – jedoch ist die Anzahl der bisher aufgetretenen Krankheitsfälle dennoch hoch genug, um hier erwähnt zu werden.
Die verantwortlichen Gene für solche Leberkrankheiten sind rezessiv, was mit anderen Worten ausgedrückt bedeutet, daß beide Elterntiere Träger sein müssen, um die Krankheit auf ihre Welpen übertragen zu können.
Derart erkrankte Hunde entwickeln eine langsam voranschreitende Form von Leberkrankheit. Sie befinden sich beim Auftreten der ersten Symptome gewöhnlich in der Übergangsphase vom jungen zum erwachsenen Hund. Eine Gelbsucht entwickelt sich erst in einem relativ späten Stadium der Krankheit, wenn die Leberfunktion bereits erheblich beeinträchtigt ist.
Vor nur kurzer Zeit durchgeführte Unter-

suchungen haben ergeben, daß es einen Hinweis für eine genetisch bedingte Kupfervergiftung gibt, der anhand einer Blutuntersuchung festgestellt werden kann. Obwohl diese Blutuntersuchung noch nicht von allen Laboratorien angeboten wird, handelt es sich doch um eine ausnehmend wichtige Methode zur Identifizierung von Trägern der Krankheit. Diese Träger sollten in jedem Fall von der Zucht ausgenommen werden, denn nur so besteht eine reelle Chance, die Rasse des Dobermann Pinschers längerfristig von diesem Gesundheitsproblem zu säubern.

Narcolepsie

Hier handelt es sich um eine Schlafkrankheit, die sich dadurch bemerkbar macht, daß der betroffene Hund spontan einschläft, ohne daß vorher Anzeichen für Müdigkeit vorhanden sind. Diese Erkrankung konnte bereits bei 15 Rassen festgestellt werden, jedoch haben die Untersuchungen bisher nur bei drei Rassen eine erbliche Veranlagung nachweisen können. Dies sind der Dobermann Pinscher, Labrador Retriever und der Zwergpudel. Beim Dobermann wird die Krankheit einfach autosomal rezessiv vererbt, was mit anderen Worten ausgedrückt heißt, daß beide Elternteile Träger des verantwortlichen Gens sein müssen, wobei die Eltern selbst durchaus frei von Krankheitsanzeichen sein können. Derart

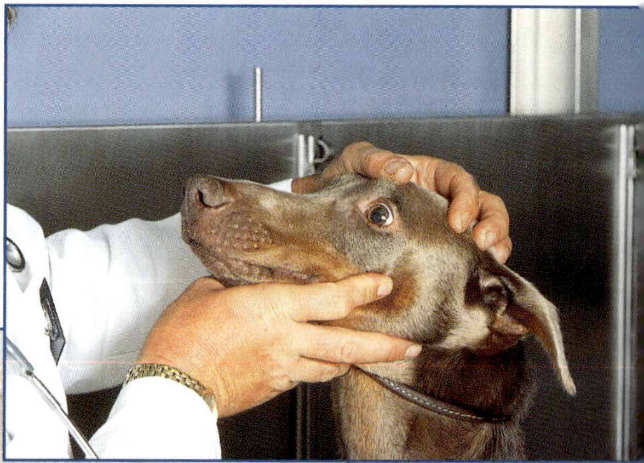

Die Pupillen Ihres Dobermann Pinschers sollten schwarz sein. Jedes Anzeichen auf eine Weißfärbung kann ein Hinweis auf eine chronische Hyperplasie des Glaskörpers sein, eine vererbbare Augenkrankheit, die beim Dobermann häufig auftritt.

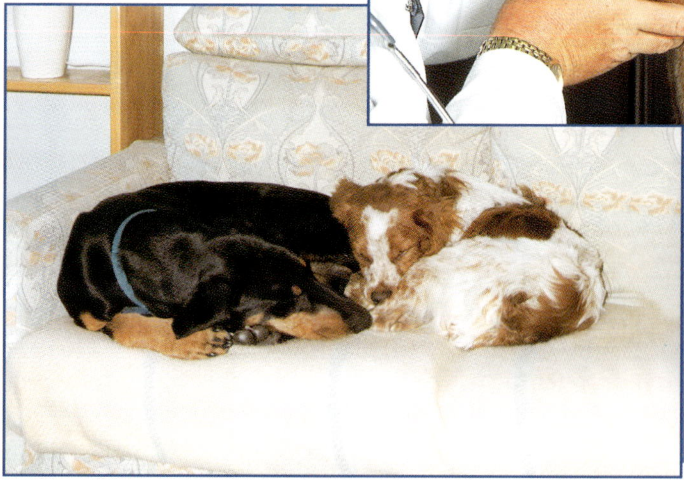

Zwischen einem erschöpften, müden Welpen und einem mit Schlafkrankheit besteht keine Verwechslungsmöglichkeit. Narkolepsie zeichnet sich durch plötzliche Schlafanfälle aus, und Dobermann Pinscher sind hierfür anfälliger als andere Rassen.

erkrankte Welpen zeigen gewöhnlich im Alter zwischen vier und 20 Wochen die ersten Symptome. Die „Schlafanfälle" häufen sich oftmals durch Aufregung oder beim Fressen.

Der Zustand kann durch einen speziellen Test beim Tierarzt sicher diagnostiziert werden. Zahlreiche Medikamente wie Yohimbin und Imipramin wurden bereits zur Behandlung angewandt, jedoch ist beim Dobermann zu beobachten, daß die Häufigkeit der Anfälle mit zunehmendem Alter nachläßt.

Die beste Vorbeugung gegen diese Krankheit ist, damit behaftete Hunde von der Zucht auszuschließen. Dazu gehören auch alle Tiere aus der selben Blutlinie, die keine Symptome zeigen, denn sie sind wahrscheinlich trotzdem Träger der Krankheit. Zur Zeit besteht leider noch keine Möglichkeit, Zuchtpaare anhand von DNA-Tests auf die Krankheit hin zu testen, um so eine Ausbreitung zu verhindern.

Chronische Hyperplasie des Glaskörpers (Auge)

Hierbei handelt es sich um eine genetisch bedingte Augenkrankheit, die am häufigsten beim Dobermann Pinscher diagnostiziert wird. Die Ursache für diese Krankheit ist ein Fehler der Hyaloidarterie im Auge, der einen Vernarbungsprozeß nach sich zieht (Fibroplasie). Dadurch kann es zu einer weiß verfärbten Pupille (Leukokornea) kommen, wenn das Narbengewebe an der Rückseite der Linse anhaftet.

Es gibt eine Reihe von anderen Problemen, die mit dieser Erkrankung in Verbindung stehen können. Dazu gehören der Graue Star, Nickhautvorfall, Netzhautdysplasie, Colobomie der Linse und eine Verengung der Linse. Untersuchungen haben ergeben, daß die Erkrankung beim Dobermann genetisch bedingt ist.

Betroffene Hunde können oftmals erfolgreich behandelt werden, jedoch sollten auch von der Krankheit geheilte Dobermann Pinscher sowie deren nähere Verwandte von der Zucht ausgeschlossen werden. Diese vorbeugende Maßnahme ist der einzige und beste Weg, um zu verhindern, daß die Anzahl diesbezüglicher Krankheitsfälle innerhalb der Rasse zunimmt.

Sulfatsensibilität

Sulfate (Schwefelverbindungen) sind Stoffe, die zur Behandlung von bakteriellen Infektionen benutzt werden. In einigen Fällen werden sie auch bei chronischer Kolitis (Dickdarmkatarrh) und einigen anderen immunologischen Problemen eingesetzt.

Obwohl sulfathaltige Medikamente generell als ausgesprochen sicher gelten, zeigen einige Dobermann Pinscher extrem empfindliche Reaktionen auf die Anwendung dieser Produkte, und es sind sogar bereits Todesfälle bekannt geworden. In anderen Fällen wird von Folgeerscheinungen wie Arthritis in verschiedenen Gelenken (nicht septische Polyarthritis) und Hepatitis (Gelbsucht) berichtet. Diese Reaktionen scheinen ausschließlich bei Dobermann Pinschern aufzutreten, was definitiv die Vermutung auf eine Rassen-Sensibilität zuläßt.

Chronische Hyperplasie des Glaskörpers kann bei betroffenen Hunden meist erfolgreich behandelt werden. Foto: Robert Smith

Aufgrund der Tatsache, daß soviele verschiedene Antibiotika erhältlich sind, sollte bei der Behandlung von Dobermann Pinschern unbedingt auf sulfathaltige Produkte verzichtet werden, zumindest so lange, bis diese Überempfindlichkeit besser untersucht ist.

Von Willebrand-Krankheit

Diese Krankheit wurde bereits bei mehr als 50 Rassen nachgewiesen, gilt als die häufigste Bluterkrankheit bei Hunden überhaupt und ist erfreulicherweise heilbar. Das dafür verantwortliche geschädigte Gen kann von einem oder beiden Elterntieren vererbt werden. Sind beide Elternteile Träger des Gens, sind deren Welpen meistens nicht lebensfähig und sterben schon bald nach der Geburt.

Die Krankheit zeichnet sich durch mäßig starke bis unkontrollierbar schwere Blutungen aus, für die eine mehr oder minder verringerte Gerinnungsfähigkeit des Blutes verantwortlich ist. Die Schwere der Krankheit ist sehr variabel – ein Welpe verfügt vielleicht nur über eine Blutgerinnungsfähigkeit von 15 %, wohingegen ein anderer mit der selben Krankheit 60 % aufweisen kann. Je höher dieser Prozentsatz ist, desto unwahrscheinlicher ist es, daß die Krankheit frühzeitig erkannt wird, denn spontane Blutungen sind gewöhnlich erst ab einem Prozentsatz von unter 30% zu erwarten. Daher wird bei vielen Hunden erst diese Krankheit diagnostiziert, wenn sie durch eine Operation wie zum Beispiel eine Kastration zutage tritt. In solchen Fällen kommt es dann während des Eingriffs zu unkontrollierbaren Blutungen oder zu Blutergüssen (Hämatomen) an der Operationsstelle. Die Erkrankung geht häufig mit einer Schilddrüsenunterfunktion einher. Bei wirklich schweren Funktionsstörungen der Schilddrüse kann eine Operation erforderlich werden, der in der Regel eine Bluttransfusion vorangeht. Die Heilung der Krankheit ist in vielen Fällen durch die Transfusion mit dem Blut gesunder Hunde möglich.

Andere häufiger auftretende Erkrankungen beim Dobermann Pinscher

Akne

Vorkammerteilungssyndrom (Herz)

Atherosklerose

Schälblasenausschlag (Pemphigoid)

Angeborene Vorhofkrankheit (Herz)

Unterkiefergelenks-Osteopathie

Hautkontaktallergie

Gestörte Neutrophilfunktion

Diabetes

Taubheit

Enophthalmie

Epilepsie

Nach außen gestülbte Nickhaut

Histiocytom

Ichthyose

Bandscheibenvorfall

Adnexaler Naevus

Oligodontie

Knochenkrebs

Blätteriger Blasenausschlag (Pemphigus foliaceus)

Chronische Hyperplasie der Gefäßhaut der Linse (Auge)

Chronischer Nickhautvorfall

Chronische Krümmung der rechten Aorta

Polydontie

Fibröse polyostotische Dysplasie

Portosystemische Aderweiche (genetisch bedingte Verbindung zwischen Portalvene und Vena cava, wodurch nur ein Teil des Blutes in der Leber detoxifiziert wird)

Primäre Ziliardyskinesie

Netzhautatrophie

Nieren-Hypoplasie/Dysplasie

Netzhautdysplasie

Schlafkrankheiten

Systemische Hauttuberkulose (Erythematose)

Vitiligo (Depigmentierung der Haut)

Schiefmaul

Wie schützen Sie Ihren Dobermann vor Parasiten und Mikroorganismen?

Ein wichtiger Punkt in der Gesunderhaltung eines Dobermann Pinschers ist die Vermeidung von Gesundheitsproblemen durch Parasiten und pathogene Mikroorganismen. Obwohl viele verschiedene Medikamente zur Bekämpfung solchermaßen ausgelöster Erkrankungen verfügbar sind, ist Vorbeugung stets die bessere Lösung. Die wirksamsten Vorsorgemaßnahmen zu kennen, bedeutet ein reduziertes Risiko, keinen quälenden Juckreiz und niedrigere Kosten.

Flöhe

Hier handelt es sich nicht nur um den unangenehmsten Außenparasiten für Hunde, sondern auch um eine Plage für den Halter – allerdings nicht für jeden, denn Flöhe sind kein Muß.

In regenreichen Jahren kann es jedoch zu regelrechten Flohepidemien kommen, die nicht nur dem Hunden furchtbar zu schaffen machen – diese Plagegeister beschränken sich in einer solchen Situation nicht nur auf den Hundekörper und seinen Schlafplatz, sondern verbreiten sich in kurzer Zeit über das gesamte Haus, nisten sich in Teppichen, Polstermöbeln und Betten ein und machen in ihrer Blutgier vor nichts und niemandem halt.

Die althergebrachte Weisheit, daß nur ungepflegte Hunde von Flöhen befallen werden, trifft keinesfalls zu. Der Floh fühlt sich in jeder Situation wohl, so lange er nur seinen Hunger nach Blut stillen kann. Erste Hinweise auf einen Flohbefall sind zunächst ein auffälliger Juckreiz und dementsprechend häufiges Kratzen. Auf der Haut sind dann bis zu linsengroße, geschwollene und gerötete Flohbisse erkennbar.

Die von den Flöhen bevorzugten Stellen befinden sich vor allem in der Kopf-Hals-

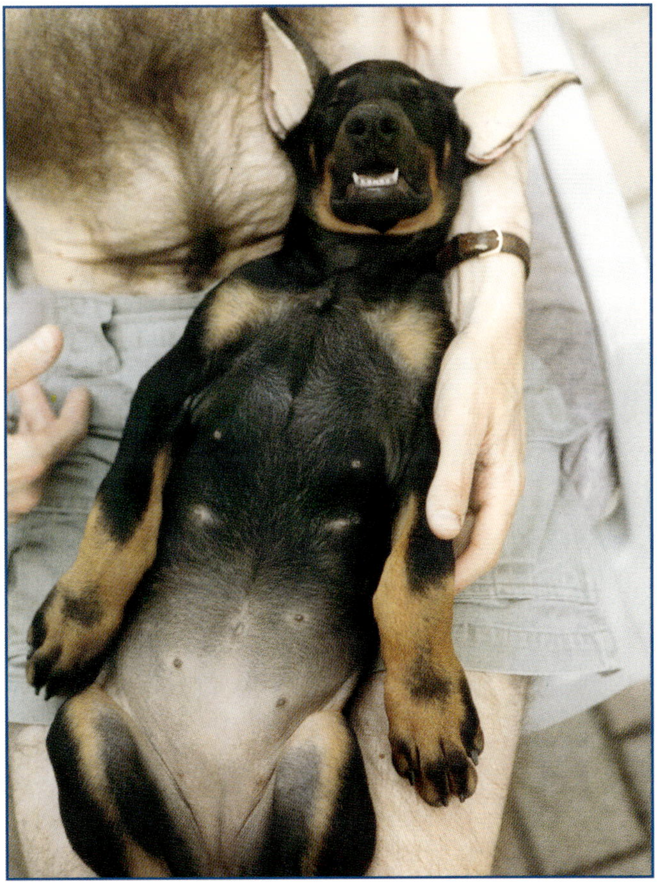

Dieser Dobermannwelpe leidet an Roter Räude. Hier ist die Krankheit nur an den Pfoten zu sehen, sie kann sich aber über den ganzen Körper bis zum Kopf ausbreiten.

region, an der Kruppe sowie auch an den Innenflächen der Hinterbeine, in den „Achselhöhlen“ und den Ohrinnenseiten. Durch das ständige Kratzen kommt es zu Entzündungen der Bißstellen, die so den geeigneten Nährboden für Sekundärinfektionen bieten. Durch das Kratzen wird der Kot des Flohs in die Wunde gerieben, oder er wird sogar gefressen, wenn das Kratzen mit den Zähnen erfolgt. So kommt es dann zur Infektion mit dem Hundebandwurm.

Die meisten Hunde reagieren auf einen Flohbiß allergisch. Das heißt genaugenommen ist nicht der Biß, sondern der Speichel des Flohs der Auslöser einer allergischen Reaktion, die oftmals zu so schweren Infektionen der Bißwunde führen kann, daß eine ärztliche Behandlung erforderlich wird. Aus diesem Grunde ist es ratsam, vom zeitigen Frühjahr bis in den Herbst hinein zu entsprechenden Vorsorgemaßnahmen zu greifen. Es sind zahlreiche effektive Produkte erhältlich, die vom Anti-Floh- und Zeckenshampoo bis hin zu speziellen Flohpudern, -sprays oder -bädern reichen. Regelmäßig angewendet, schützen sie den Hund vor Flohattacken und ersparen ihm so diese äußerst unangenehme Erfahrung.

Ein Flohkamm ist nicht die schlechteste Lösung. Sie bürsten bevorzugt den Schwanz, den Kragen, die „Achselhöhlen“, den Rücken sowie die Hals- und Brustregion aus. Die so mit den losen Haaren herausgebürsteten Flöhe werden am besten in Alkohol getaucht, in dem sie schnell sterben und so nicht mehr entweichen können. Nicht besonders effektiv sind hingegen die bekannten „Anti-Floh-Halsbänder“ die bei langhaarigen Hunden kaum einen Erfolg erzielen und bei kurzhaarigen lediglich den Bereich um den Kopf herum schützen. Außerdem werden durch ein solches Halsband lediglich die Flöhe, jedoch nicht deren Eier getötet. Tierärzte bieten allerdings, wenngleich etwas teurere, dafür aber bedeutend wirkungsvollere Flohhalsbänder an.

Sehr gut wirksam sind die Shampoos, was allerdings voraussetzt, daß das Tier auch regelmäßig gebadet wird. Ebenfalls zu empfehlen sind verschreibungspflichtige Mittel, die auf die Haut geträufelt werden und bis zu vier Wochen wirksam sind, vorausgesetzt, der Hund wird nicht zwischendurch gebadet oder durch Regen bis auf die Haut durchnäßt. Allerdings muß hier unbedingt verhindert werden, daß die stark giftige Flüssigkeit vom Hund abgeleckt wird. Bewährt haben sich auch Mittel in Puderform, die im Bedarfsfall bis zu alle ein bis zwei Wochen in das Fell eingerieben werden und so auf die Haut gelangen. Auch wenn das Fell dadurch im ersten Moment etwas „staubig“ und stumpf erscheint, gibt sich dieser Zustand innerhalb von einer halben bis einer Stunde, wenn sich der Hund einige Male gründlich geschüttelt hat. Der Puder bleibt so lange wirksam, bis der Hund im Regen naß oder gebadet wird. Wichtig ist, daß das Tier nach Auftragen des Puders für mindestens zwölf Stunden nicht gebürstet wird, damit sich der Wirkstoff auf der Haut ablagern kann. Hierbei wird nicht nur jeder erwachse-

ne Floh umgehend getötet, sondern auch jede schlüpfende Larve.
Seit 1994 gibt es in Europa auch eine Vorsorgemaßnahme in Form von Tabletten, die beim Tierarzt erhältlich sind und mit dem Futter verabreicht werden. Der Wirkstoff darin macht die Flohweibchen steril, tötet allerdings nicht den Floh selbst. Mit anderen Worten ist diese Tablette, die einmal monatlich eingenommen werden muß, kein Behandlungsmittel, sondern trägt lediglich auf lange Sicht zur allgemeinen Dezimierung von Flohpopulationen bei.
In jedem Fall muß beachtet werden, daß es sich hier oftmals um giftige Substanzen handelt, mit denen Kinder keinesfalls in Berührung kommen dürfen. In Familien mit Kleinkindern muß deshalb auch unbedingt auf Flohhalsbänder verzichtet werden. Andererseits können beim Tierarzt auch neue antiparasitäre Mittel erworben werden, die für den Menschen völlig ungefährlich sind. Es muß an dieser Stelle auch darauf hingewiesen werden, daß nicht alle Produkte für die Anwendung bei Welpen oder Junghunden geeignet sind und deshalb in solchen Fällen der Tierarzt zu Rate gezogen werden sollte. Falls sich im selben Haushalt mit dem Hund auch andere Hunde oder Katzen befinden, dann müssen diese mitbehandelt werden. Besonders in der Nachbarschaft umherstreunende Katzen sind oftmals die Überträger von Flöhen.
Der Lebenszyklus eines Flohs besteht aus vier Stadien – Ei, Larve, Puppe und erwachsener Floh. Die Floheier befinden sich nur selten auf dem Körper des Hundes. Wenn der erwachsene Floh seine Eier ablegt, fallen diese gewöhnlich aus dem Hundefell heraus und bleiben dort liegen, wo sie eben hinfallen. An diesem Platz – oftmals ist es die Hundedecke oder eine andere Stelle, an der sich der Hund häufig aufhält und ausgiebig kratzt – entwickeln sich über vier Larvenstadien aus den Eiern die fertigen Flöhe. Unter günstigen Bedingungen dauert diese Entwicklungsphase 21 bis 28 Tage. Es ist also ausgesprochen

Die meisten Hunde reagieren auf Flohbisse allergisch. Zu den effektivsten Vorsorgemaßnahmen gehören Anti-Floh- und Zeckenshampoo sowie Puder und Sprays.
Foto: Archiv T.F.H.

Mit ihren kräftigen Beißwerkzeugen, verbeißen sich Zecken so fest in der Haut eines Hundes, daß es mancher Tricks bedarf, um sie komplett zu entfernen.

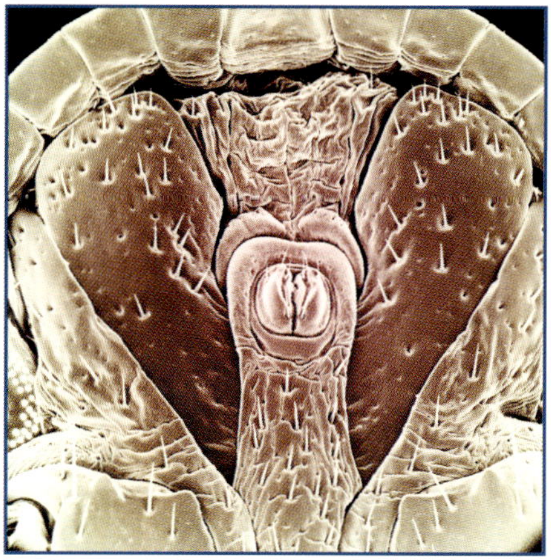

wichtig, daß nicht nur der Hund und andere Haustiere, sondern auch die Hundedecke, die Schlafplätze und alle Stellen im Haus mitbehandelt werden, an denen sich die betreffenden Tiere häufig aufhalten. Nur so kann ein kurze Zeit später erfolgender Neubefall verhindert werden.

Zecken

Diese rötlich braunen bis graublauen, ebenfalls blutsaugenden Quälgeister, die auch Schildzecken genannt werden und zu den Milben gehören, sitzen an halbhohen Sträuchern und Gräsern und krabbeln von dort an den vorbeistreichenden Hund. Dort beißen sie sich mit ihren kräftigen Mundwerkzeugen in die Haut und bohren ihren kompletten Kopf in das Fleisch. In dieser Haltung saugen sie sich mit Blut voll, gewinnen dabei zusehends an Umfang und lassen sich dann einfach wieder vom Hund herunterfallen. Mit „leerem Magen“ sehen sie noch winzig aus, haben sie sich jedoch richtig mit Blut vollgesogen, dann sind sie bis etwa kirschkerngroß und leicht beim Abtasten des Hundekörpers zu spüren – sie fassen sich wie eine weiche Warze an.

Diese Art von Blutsaugern ist genau wie der Floh weltweit verbreitet und überträgt je nach Art in verschiedenen Gebieten unterschiedliche Krankheiten. Dazu gehören beispielsweise FSME, Lyme-Borreliose und Babesiose.

Zecken hinterlassen nicht nur häßliche, rötliche und leicht geschwollene Bißwunden, sondern lösen ebenfalls bei vielen Hunden eine allergische Reaktion auf ihren Speichel aus und sind darüberhinaus, wie bereits erwähnt, Überträger von teilweise wirklich gefährlichen, potentiell tödlichen Infektionskrankheiten.

Aus diesen Gründen müssen Zecken umgehend entfernt werden, indem Sie sie mit einer Pinzette dicht hinter dem Kopf greifen und im umgekehrten Uhrzeigersinn mit einer leichten Ziehbe-

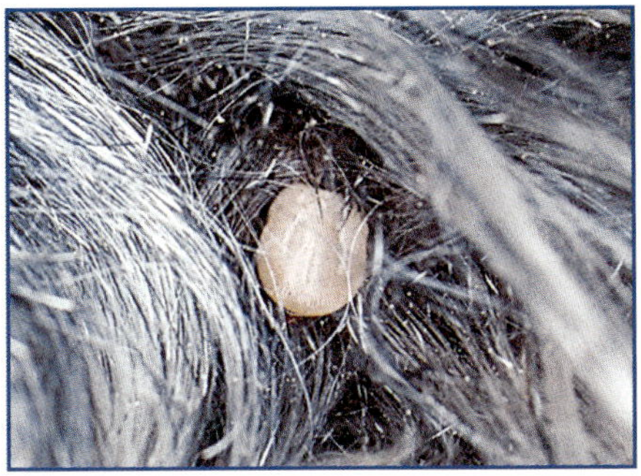

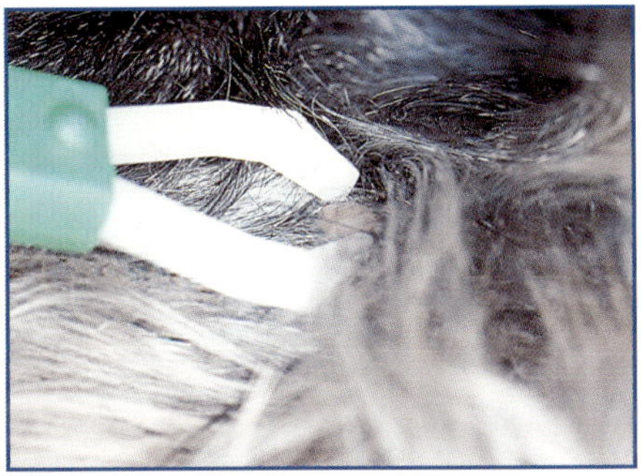

wegung herausdrehen. Sie dürfen keinesfalls versuchen, sie einfach aus der Haut herauszureißen, denn dabei kann der Kopf des Parasiten abreißen, in der Wunde verbleiben und dort schwere Sekundärinfektionen verursachen.Die bevorzugten Körperstellen der Zecken sind die Zehenzwischenräume, Hals- und Achselgegend und die Ohrinnenseiten, jedoch sind sie auch an so ziemlich allen anderen Körperteilen zu entdecken.

Viele der gegen Flöhe wirksamen Mittel beinhalten eine Wirkstoffkombination, die auch Zecken tötet. Diese Mittel machen die Haut des Hundes darüberhinaus für den Geschmack der Zecke „ungenießbar", weshalb sie sich wieder fallen läßt und auf einen anderen Wirt wartet. Beißt sie trotzdem zu, dann kommt sie sofort mit der giftigen Substanz in direkten Kontakt und stirbt noch bevor sie zu saugen beginnen kann. Außerdem gibt es beim Tierarzt noch ein sehr wirksames Mittel, das dem Hund auf den Rücken gerieben wird und für die Dauer von etwa einem Monat Schutz bietet. Die Behandlung muß natürlich in monatlichen Abständen wiederholt werden. In jedem Fall sollte der Hund nach jedem Spaziergang im Park oder Wald sowie nach dem Herumtollen im Garten gründlich auf Zecken untersucht werden. Da Zecken auch gerne das Blut von Menschen trinken und auch hier so gefährliche Krankheiten wie die Gehirnhautentzündung übertragen, ist doppelte Vorsicht geboten.

Räude

Als Räude wird jede Art von Hautproblemen bezeichnet, die von Milben hervorgerufen wird. Dabei handelt es sich meistens um Ohrmilben, Sarkoptes-Milben oder Cheyletiella-Milben. Demodikotische Räude wird mit einem Befall durch Demodex-Milben assoziiert, sie

Entdecken Sie an Ihrem Hund eine Zecke, so ist es wichtig, daß Sie diese so schnell wie möglich entfernen.

Am besten greifen Sie die Zecke mit einer speziellen Pinzette direkt hinter dem Kopf und drehen sie gegen den Uhrzeigersinn unter leichtem Ziehen heraus.

Hier schön zu sehen, daß die Zecke im Ganzen sauber entfernt werden konnte.

Beim Kauf des Welpen sollte darauf geachtet werden, daß die Elterntiere sowie andere Hunde des Züchters frei von Milben sind. Foto: Archiv T.F.H.

gilt allerdings als nicht übertragbar.
Der häufigste Erreger für Räude bei Hunden ist die Ohrmilbe, die wiederum extrem schnell übertragbar ist. Deshalb sollte schon beim Kauf des Welpen darauf geachtet werden, daß die Elterntiere wie alle anderen Hunde des Züchters frei von dieser Milbenplage sind. Als Überträger kommen jedoch auch andere Haustiere infrage, mit denen der Hund Kontakt hat, speziell dann, wenn er mit diesen auf engem Raum zusammenlebt. Die Parasiten nisten sich bei Hunden bevorzugt in den Ohren ein. Nehmen Sie die Ohrspitzen des Hundes und reiben sie aneinander, so ist die sofortige Reaktion eines befallenen Tiers die, sich mit den Vorderpfoten an den Ohren zu kratzen. Obwohl es sich hier um einen Schmarotzer handelt, der kaum eine ernsthafte Gefahr darstellt, sollte der Tierarzt dennoch ein geeignetes Mittel verschreiben. Der ständig starke Juckreiz irritiert den Hund und führt zu übermäßigem Kratzen, was wiederum in Verletzungen der Haut resultiert, die in Infektionen ausarten können.
Eine Vollkörperbehandlung ist in den meisten Fällen erfolgreich, wohingegen

Manche Milben leben in Wäldern und befallen den Hund, wenn er dort im Dickicht herumtollt. Alle Milbenarten können jedoch effektiv bekämpft werden. Foto: Robert Smith

es bei einer ausschließlichen Behandlung der Ohrkanäle meistens zu Rückschlägen kommt. Der Grund dafür ist die Tatsache, daß sich die Milben eben nicht nur in den Ohren aufhalten, wie dem Namen nach vermutet werden könnte, sondern diese bei Störungen verlassen und sich in anderen Körperregionen verbergen, bis die Rückkehr in die Ohren gefahrlos erscheint.

Scabie- und Cheyletiella-Milben werden von einem Hund auf den anderen übertragen. Hierbei handelt es sich um sogenannte „soziale" Erkrankungen, die durch die Vermeidung von Kontakten mit infizierten Hunden vermieden werden können. Scabie-Milben haben die zweifelhafte Ehre, die Hundekrankheit mit dem stärksten Juckreiz überhaupt zu sein. Wieder andere Milben leben in Waldgebieten und befallen die Hunde, wenn sie dort im Dickicht herumtollen. Alle Milbenarten können identifiziert und effektiv bekämpft werden.

Herzwurm-Parasitose

Diese Parasitose ist in Deutschland eigentlich nicht heimisch, denn der Überträger des Parasiten (der Wurm *Dirofilaria immitis*) ist eine bestimmte Mückenart, die in Deutschland nicht vorkommt. Dennoch besteht die Möglichkeit zu einer Infektion mit Herzwurm-Parasitose, wenn Sie Ihren Hund mit in den Urlaub nehmen und das Urlaubsziel in einem Land liegt, in dem der Krankheitsüberträger vorkommt – dazu gehören die USA, Afrika und der Mittelmeerraum. Die Krankheit kann nicht durch den Kontakt mit infizierten Hunden übertragen werden, sondern nur durch den Stich dieser speziellen Mücke. Der Erreger lebt im Herzgewebe sowie den angrenzenden Blutgefäßen der Lunge des kranken Hundes, wo er Mikrofilarien produziert, die sich im Blutkreislauf aufhalten. Beim Blutsaugen nimmt die Mücke die Filarien aus dem Blutkreislauf auf und gibt sie auf gleichem Wege an andere Hunde weiter.
Allerdings gibt es auch noch eine andere Möglichkeit der Übertragung, nämlich die vom Muttertier auf ihre Welpen. Es handelt sich hierbei um eine lebensgefährliche Parasitose, deren Behandlung langwierig und teuer ist. Sie kann jedoch einfach dadurch verhindert werden, indem Sie Ihren Hund vor Reiseantritt beim Tierarzt dagegen impfen lassen. Die Krankheit läßt sich einfach diagnostizieren. Falls Ihr Hund also nach dem Urlaub unter Appetitmangel, einem trockenen, krampfartigen Husten und Apathie leidet und Sie eines der betreffenden Länder mit ihm bereist haben, dann sollten Sie ihn vorsorglich auf eine Herzwurm-Parasitose untersuchen lassen. Das Gleiche trifft natürlich auch auf vierbeinige „Reisemitbringsel" zu.

Darmparasiten

Die am häufigsten bei Hunden auftretenden Darmparasiten sind Hakenwürmer, Rundwürmer, Bandwürmer und Peitschenwürmer. Rundwürmer brechen dabei jeden Rekord – es wird vermutet, daß bis zu 13 Trillionen Rundwurmeier pro Tag im Hundekot ausgeschieden werden. Untersuchungen haben ergeben, daß 75 % aller Welpen Träger von Rundwürmern sind. Die Ausscheidung dieser Parasiten und die damit verbundene Verbreitung der Parasitose beginnt bereits ab einem Alter von drei Wochen. Die Übertragung auf den Menschen findet dabei ausschließlich über den Kontakt mit dem Hundekot und nicht, wie oftmals behauptet wird, durch den alleinigen Umgang mit dem Welpen oder dem Hund statt.
Bei Rundwürmern handelt es sich um nudelförmige Hohlwürmer, die bei ihrem Wirt ein dickbäuchiges Erscheinungsbild und neben vielen anderen ernsten Symptomen auch ein stumpfes Fell verursachen können. Weitere Symptome

sind Erbrechen, Durchfall und Husten. Welpen werden häufig bereits im Mutterleib durch das Blut der Mutter oder später beim Säugen durch die Milch infiziert, was verhindert werden kann, wenn die Hündin bereits vor dem geplanten Deckakt vorsorglich entwurmt wird.
Hakenwürmer können ebenfalls auf den Menschen übertragen werden. Diese mikroskopisch kleinen, 8 bis 18 mm langen Fadenwürmer können zu einer Anämie führen und somit ernsthafte Probleme bis hin zum Tod eines Welpen zu Folge haben. Hakenwürmer nisten sich beim Menschen wie beim Hund im Dünndarm ein und ernähren sich dort von den Darmzotten. So entstehen viele kleine Wunden in der Dünndarmwand, die stark bluten. Wie bereits erwähnt, können Welpen bereits mit einem Wurmbefall geboren werden, weshalb eine möglichst frühe erste Wurmkur ausgesprochen wichtig ist.
Bandwürmer benötigen für ihre Entwicklung stets einen Zwischenwirt. Neben anderen Bandwurmarten gibt es den Hundebandwurm, (*Dipylidium caninum*), der als Zwischenwirt den Floh benutzt. Der Floh nimmt die Wurmeier auf, aus denen sich sogenannte Finnen entwickeln. Der Floh überträgt diese Finnen auf den Hund, in dessen Darm diese dann zu fertigen Bandwürmern heranwachsen. Mit dem Kot werden nach gewisser Zeit einzelne reiskornförmige Bandwurmglieder ausgeschieden. Sie können oftmals auch um die Afteröffnung herum im Fell hängend entdeckt und so identifiziert werden.
Der Bandwurm erscheint als ein langer, flacher, einem Gummiband ähnlicher Wurm, der oftmals eine erstaunliche Länge erreichen kann und aus etwa reiskorngroßen Segmenten besteht. Er lebt im Dünndarm seines Wirts.
Eine weitere Bandwurmart, die ebenfalls vom Hund auf den Menschen übertragen werden kann, ist *Echinococcus multilocularis* – er kann beim Menschen zu einer lebensgefährlichen Erkrankung führen. Eine Bandwurminfektion kann heute problemlos mit speziellen Medikamenten behandelt werden. Zur Bekämpfung des Hundebandwurms gehört auch die gleichzeitige Flohbekämpfung mit speziell für diesen Zweck gedachten Pudern oder Flüssigkeiten, mit denen nicht nur der Hund, sondern auch seine Decke, sein Schlafplatz und wenn nötig sogar die Teppiche und Polstermöbel im Haus behandelt werden müssen.

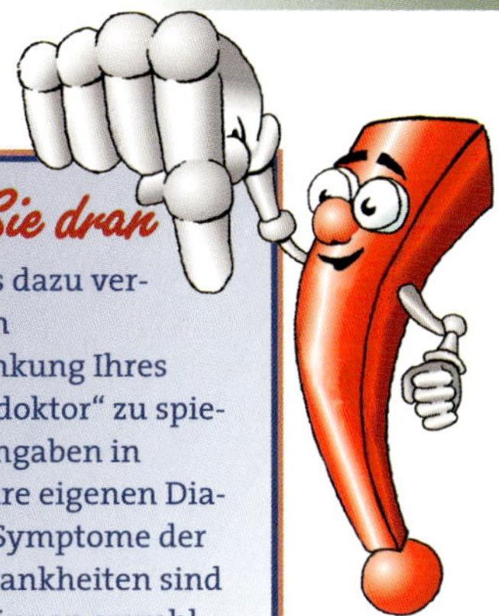

… und denken Sie dran

Lassen Sie sich niemals dazu verleiten, bei auftretenden Anzeichen einer Erkrankung Ihres Hundes den „Heimtierdoktor“ zu spielen und anhand von Angaben in Büchern wie diesem Ihre eigenen Diagnosen zu stellen. Die Symptome der unterschiedlichsten Krankheiten sind oftmals ähnlich und können sowohl auf die eine als auch auf eine andere hinweisen. Überlassen Sie also die Untersuchung, Diagnose und Behandlung Ihrem Tierarzt.

Bei der Bekämpfung des Hundebandwurms sollte auch immer gleichzeitig eine Flohbekämpfung stattfinden, da Flöhe die Finnen des Bandwurms auf die Hunde übertragen.
Foto: R.Klaar

... und denken Sie dran

Wenn Ihr Hund trotz entsprechender Erziehungsmaßnahmen alles frißt, was er draußen findet (kleine Steinchen, Sand, verschiedene Pflanzen, den Kot von Katzen oder anderen Hunden), muß dem nicht zwingendermaßen eine Unart oder Ungehorsamkeit zugrundeliegen. Es könnte sich auch um eine Mangelerscheinung in der Ernährung des Hundes handeln. Diskutieren Sie ein solches Verhalten deshalb mit Ihrem Tierarzt.

Der Peitschenwurm ist ein bis zu 5 cm langer, zu den Fadenwürmern gehörenden Schmarotzer, der sich mit seinem namengebenden, peitschenförmigen Vorderteil in die Schleimhäute von Blind- und Dickdarm gräbt. Neben der Ansteckungsgefahr durch den Kontakt mit dem Kot eines infizierten Hundes können diese Würmer auch durch den Verzehr von rohem Schweinefleisch in den Körper gelangen. Auch hier ist eine Übertragung auf den Menschen möglich.

Diese Würmer haben einen dreimonatigen Lebenszyklus und können nicht vom Muttertier auf die Welpen übertragen werden. Sie verursachen unregelmäßige Durchfallerscheinungen, die gewöhnlich von Schleimabsonderungen begleitet sind. Peitschenwürmer sind die wahrscheinlich am schwersten zu bekämpfenden Darmparasiten, denn ihre Eier sind außergewöhnlich widerstandsfähig und können unter bestimmten Umständen Jahre im Körper überdauern, bis sie sich unter günstigen Bedingungen zu fertigen Würmern weiterentwickeln. Sie sind nur selten im Kot nachzuweisen.

Neben diesen gibt es natürlich noch andere Darmparasiten, die einen Hund befallen können. Der sicherste Weg zur Vorbeugung sind regelmäßige Kotuntersuchungen durch den Tierarzt, der im Ernstfall auch die effektivste Behandlung kennt.

Kokzidiose und Giardiase

Beides sind Infektionskrankheiten, die gewöhnlich Welpen befallen und von Einzellern (Protozoen) hervorgerufen werden. Die Infektionsgefahr ist in solchen Situationen am höchsten, in denen viele Welpen auf relativ engem Raum vergesellschaftet sind. Oftmals sind auch bereits ältere Hunde Träger der Infektion, zeigen jedoch meistens keinerlei Symptome, bis sie unter Streß geraten oder unter anderen Gesundheitsproblemen leiden. Anzeichen für eine dieser Infektionen äußern sich als Durchfall, Gewichtsverlust und in mangelndem Appetit. Die für diese Erkrankungen verantwortlichen Einzeller sind nicht immer im Kot nachweisbar.

Virusinfektionen

Hunde können von verschiedenen Viruserkrankungen wie Hepatitis, Parvovirose, Tollwut und Staupe befallen werden, wenn sie in Kontakt mit anderen Tieren kommen, die Träger dieser Parasitosen sind. Um dem entgegenzuwirken, sollten Sie sich strikt an zwei wichtige Vorsorgemaßnahmen halten – kontrollierter Kon-

takt zu anderen Tieren und regelmäßige Schutzimpfungen.
Heutzutage sind die verfügbaren Schutzimpfungen so effektiv, daß regelmäßig geimpfte Hunde nur noch einem ganz minimalen Risiko ausgesetzt sind. Trotzdem sollten Sie stets aufmerksam beobachten, mit welchen anderen Tieren der Hund häufigen oder engen Kontakt hat. Das Zusammensein mit ebenfalls geimpften anderen Hunden ist dabei völlig ungefährlich, wohingegen der Kontakt mit streunenden Hunden und Katzen sowie Wildtieren wie Kaninchen und ähnlichen ein nicht zu unterschätzendes Risiko darstellt. Außerdem sollten Sie unbedingt darauf achten, daß der Ferienzwinger für den Hund ausschließlich solche mit Impfschutz aufnimmt und der Tierarzt eine Quarantänestation für Hunde mit Infektionskrankheiten hat, so daß diese sicher von allen anderen Patienten getrennt werden können. Wenn Sie sich streng an diese Richtlinien halten, sollten Probleme mit Infektionskrankheiten dieser Art gar nicht erst auftreten.

Zwingerhusten

Hierbei handelt es sich um eine infektiöse Entzündung der Luftröhre und der Bronchien (Tracheobronchitis), die hochgradig ansteckend ist und deshalb umgehend behandelt werden muß. Diese Erkrankung tritt vor allem in Tierheimen und im Tierhandel sowie überall dort auf, wo Hunde unter unkontrollierten Bedingungen auf engem Raum zusammenkommen.
Bei dieser Krankheit lösen Viren und Bakterien gemeinsam eine Entzündung der Luftröhre und der Bronchien aus. Ein Anzeichen hierfür ist ein kurzer, trockener Husten, manchmal auch Niesen, mit leichtem Nasenausfluß, was wenige Tage bis mehrere Wochen anhalten kann. Der Krankheitsverlauf kann durch das Auftreten von Sekundärinfektionen verschlimmert werden. Im Normalfall verläuft diese Erkrankung nicht tödlich; sie kann jedoch in eine schwere Bronchitis oder Lungenentzündung übergehen. Leider sprechen viele derart erkrankte Hunde nicht sonderlich gut auf die verabreichten Medikamente an, aber andererseits kann der Zwingerhusten nach vielen Wochen auch spontan ausheilen.
Die effektivste Vorsorgemaßnahme ist in jedem Fall eine Schutzimpfung, ganz egal wie umstritten diese auch sein mag. Hier empfiehlt sich sogar eine Impfstoffkombination, denn bei dieser Krankheit kann mehr als nur ein Virus beteiligt sein. Beispielsweise ist das Parainfluenza-Virus meistens in dieser Impfung enthalten, denn es ist eines der Viren, das häufiger der Auslöser des Zwingerhustens ist.
Das Bakterium *Bordetella bronchiseptica* spielt beim Auftreten von Zwingerhusten häufig eine Rolle. Neuerdings ist vielerorts eine Schutzimpfung erhältlich, die bei Hunden in stark gefährdeten Gebieten zweimal jährlich wiederholt werden sollte. Hierbei wird der Impfstoff nicht wie gewohnt injiziert, sondern in die Nasenlöcher gesprüht,

um die Infektion bereits zu stoppen, bevor sie tiefer in den Atmungstrakt eindringen kann.

Staupe

Staupe ist eine Virusinfektion. Die ersten Symptome sind ein sehr leichtes, nur eine kurze Zeit anhaltendes Fieber, dem nach etwa acht Tagen eine schwere Lungenentzündung folgt. Diese wird von eitrigem Augen- und Nasenausfluß sowie Durchfall begleitet. In einigen seltenen Fällen ist auch eine Verhärtung der Pfotenballen festzustellen. Die Symptome klingen dann zunächst wieder ab, kehren jedoch in verstärktem Maße und zuzüglich nervöser Erscheinungen bis hin zu schweren Krämpfen zurück und setzen dem Leben des Tiers in diesem Stadium meistens ein schnelles Ende.

Hunde, die diese Krankheit überleben, leiden sehr häufig anschließend an nervösen Zuckungen der Kopfmuskeln, was als der „Staupetick" bezeichnet wird. Nach überstandenen Erkrankungen im Jungtieralter tritt in vielen Fällen das „Staupegebiß" auf, worunter erhebliche Zahnschmelzdefekte zu verstehen sind. Staupe wird durch Wildtiere sowie durch infizierte Hunde übertragen.

Hepatitis (Gelbsucht)

Diese Erkrankung verläuft ähnlich der vorher beschriebenen, beginnt jedoch mit hohem Fieber und wird von Apathie und Appetitlosigkeit begleitet. Allerdings treten hierbei weder Lungenentzündung noch Durchfall auf. Bleibende Hornhautschäden der Augen bis hin zur völligen Erblindung können die Folge von Hepatitis sein. Auch hier handelt es sich um eine Virusinfektion. Sie wird von anderen infizierten Tieren übertragen und befällt die Leber und Nieren.

Toxoplasmose

Hierbei handelt es sich um ein Krankheitsbild, das durch einen Einzeller, (*Toxoplasma gondii*), hervorgerufen wird. Der Stammwirt dieses Einzellers ist die Katze. Er bildet übertragbare Dauerformen, jedoch erkranken Hunde am häufigsten durch den Verzehr von infiziertem Schweinefleisch. Sie können die Krankheit allerdings nicht, wie früher oftmals behauptet wurde, auf den Menschen übertragen. Dennoch kann sich auch der Mensch durch den engen Kontakt mit Katzen oder den Verzehr von verseuchtem Fleisch mit dieser Krankheit infizieren.

Eine Toxoplasmose kann ohne jegliche Symptome verlaufen (latente Toxoplasmose) und nur für trächtige Tiere oder schwangere Frauen gefährlich sein. Sie kann jedoch auch akut oder chronisch auftreten. Die Erkrankung kann vom Muttertier auf die Welpen übertragen werden und gilt dann als angeborene Toxoplasmose, die sich oft in Mißbildungen äußert (toxoplasmotische Fetopathie), aber auch zu Fehl- , Früh- oder Totgeburten führen kann.

Gefahrenquellen, und was zu tun ist wenn ...

Mit der Zeit wird ein Hundehalter durch ständiges Beobachten mit dem natürlichen Verhalten seines Hundes im Haus vertraut. Gleichzeitig wird er dabei auch auf versteckte oder bislang unbeachtete Gefahrenquellen stoßen, die zu ungeahnten Gesundheitsproblemen führen können. Diese Gefahren zu beseitigen und im Fall eines Unfalls schnell und richtig reagieren zu können, bewahrt den Hund oftmals vor schlimmen Folgen. Jeder Hundehalter sollte in der Lage sein, bei seinem Hund die Körpertemperatur, den Puls, die Atmung und die Kapillarfüllungszeit zu prüfen. Um eine Abweichung vom Normalen zu erkennen, sollten Sie natürlich wissen, was als Normalwert gilt, denn dieses Wissen kann für ein Hundeleben die Rettung bedeuten.

Das Messen der Körpertemperatur ist am einfachsten, wenn Ihr Dobermann dabei steht und Sie das Thermometer während der Prozedur gut festhalten.

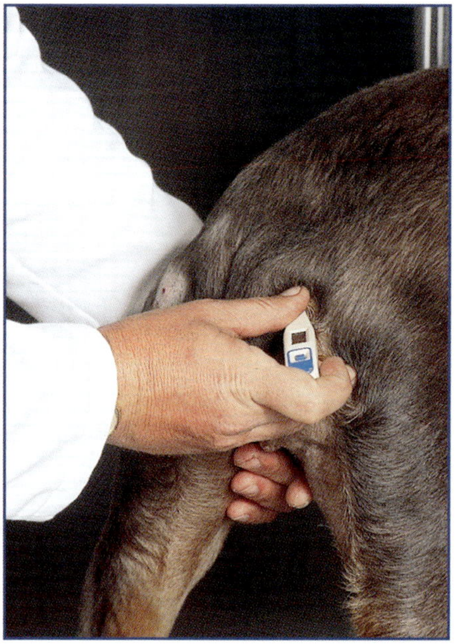

Die Körpertemperatur

Die normale Körpertemperatur eines Hundes liegt zwischen 37,5 und 39 °C, wobei es bei verschiedenen Rassen leichte Abweichungen geben kann, die beim Tierarzt zu erfragen sind. Sie messen die Temperatur im After über einen Zeitraum von etwa einer Minute. Es empfiehlt sich, die einzuführende Spitze des Thermometers zu diesem Zweck mit etwas Vaseline oder Lebensmittelöl gleitfähig zu machen. Am einfachsten läßt sich diese Prozedur durchführen, wenn der Hund dabei steht und der Schwanz mit einer Hand hochgehalten wird. Das Thermometer muß während der Messung selbstverständlich ebenfalls festgehalten werden.

Eine leicht erhöhte Temperatur kann von freudiger Erregung, einer gerade beendeten körperlichen Anstrengung oder einer geringfügigen Überhitzung herrühren. Eine deutlich erhöhte Temperatur ist gewöhnlich ein sicheres Zeichen für eine sich anbahnende Krankheit oder einen vorliegenden Notfall. Handelt es sich um eine deutliche Untertemperatur, dann liegt in jedem Fall ein ernstes Problem vor, das den sofortigen Besuch beim Tierarzt erfordert.

Kapillarfüllungszeit und Zahnfleischfarbe

Es ist wichtig zu wissen, wie das Zahnfleisch eines gesunden Hundes aussieht, um anhand einer Veränderung sofort feststellen zu können, daß dem Tier offensichtlich etwas fehlt. Es gibt einige Rassen, wie beispielsweise den Chow Chow und ihm anverwandte Rassen, deren Zahnfleisch und Zunge auf natürliche Weise schwarz oder blauschwarz gefärbt sind. Bis auf diese Ausnahmen ist das Zahnfleisch eines gesunden Hundes jedoch kräftig rosafarben.
Blasses Zahnfleisch kann ein Hinweis auf einen Schockzustand oder eine Anämie sein und ist stets ein Alarmzeichen. Eventuell vorhandene gelbliche Verfärbungen sind ebenfalls alarmierend und deuten einwandfrei auf eine Erkrankung hin.
Viele Hunde zeigen schwarze oder dunkelbraune Flecken an Zahnfleisch oder Zunge, was allerdings als völlig normal anzusehen ist. Es ist ebenfalls wichtig zu wissen, wie die Kapillarfüllungszeit (Wiederauffüllen der Blutgefäße) beim gesunden Hund verläuft, um in einem Krankheitsfall oder Schockzustand erkennen zu können, ob sie vom Normalen abweicht, also verlangsamt ist. Zu diesem Zweck pressen Sie den Daumen kurz aber kräftig gegen das Zahnfleisch. An dieser Stelle weicht das Blut aus dem Gewebe, und der Daumen hinterläßt einen weißlichen Abdruck. Im Normalfall sollte die gesunde Rosafärbung innerhalb von ein bis zwei Sekunden wieder zurückkehren, das Gewebe also an der Druckstelle wieder gut durchblutet und die Druckstelle nicht mehr sichtbar sein.

Der Herzschlag, Puls und die Atmung

Die Herzfrequenz ist von der Rasse und dem Gesundheitszustand des Hundes abhängig. Als normal gelten um die 50 Schläge pro Minute bei größeren Rassen, bis 130 Schläge bei kleineren. Um die Anzahl der Herzschläge festzustellen, pressen Sie die Fingerspitzen auf die Brust des Hundes, zählen die Schläge für die Dauer von 15 Sekunden und multiplizieren die ermittelte Zahl mit vier.
Für die normale Pulsfrequenz gelten die selben Werte und Rechenformeln wie für den Herzschlag. Die Messung wird an einer der Oberschenkelarterien vorgenommen, die sich auf den Innenseiten der Hinterbeine befinden.
Ebenfalls von der Größe des Hundes und der Rasse abhängig sollte die Atmungsfrequenz zehn bis 30 Atemzüge pro Minute betragen. Sie wird nicht wie Herzschlag und Puls gemessen, sondern aufmerksam anhand des sich hebenden und senkenden Brustkorbs beobachtet.
Jede Abweichung von den Normalwerten dieser drei Meßwerte kann durch Erregung entstehen oder aber auch auf eine Erkrankung hinweisen und sollte deshalb unbedingt von einen Tierarzt eingehender untersucht werden.

Erste Hilfe-Maßnahmen

In einer medizinischen Notfallsituation sollten unbedingt die folgenden Maßnahmen ergriffen werden.

1.) Die Telefonnummer, Adresse und Öffnungszeiten des Tierarztes sollten jederzeit griffbereit am Telefon liegen.
2.) Sie sollten stets über die Notdienstzeiten und die Telefonnummer informiert sein, unter der der Tierarzt außerhalb der normalen Sprechstundenzeiten zu erreichen ist. Bietet er selbst keinen Notdienst an, so sollte die Telefonnummer einer entsprechenden Praxis oder Tierklinik zur Hand sein.
3.) Müssen Sie auf eine solche Zweitadresse zurückgreifen, sollten Sie auch genau wissen, wie Sie dort hingelangen.
4.) In einem echten Notfall ist Zeit ein lebenswichtiger Faktor. Anzeichen für eine solche Situation können die folgenden sein – ein unnatürlich helles Zahnfleisch, ein anormaler Herzschlag, eine Körpertemperatur unter 37,5 oder über 39 °C, ein Schockzustand oder Lethargie sowie Lähmungserscheinungen.
5.) Wird ein Hund in einen Autounfall verwickelt, so ist gleichermaßen größte Eile und Vorsicht geboten. Das Tier sollte so wenig wie möglich bewegt werden, sofort in eine Tierarztpraxis gebracht und dort umgehend einer Röntgenuntersuchung unterzogen werden. Besonders wichtig ist eine eingehende Untersuchung des Brustkorbs und des Unterleibs, um eine Verletzung der Lunge oder der Blase sofort feststellen zu können.

Der Notfallmaulkorb

In einer Ausnahmesituation, in der ein Hund unter starken Schmerzen leidet oder in einem panikartigen Zustand ist, kann es für den Halter ausgesprochen schwierig werden, seinen Hund zu bändigen und ihm Erste Hilfe-Maßnahmen zukommenzulassen. Ein in panischer Angst befindlicher Hund, der zudem noch starke Schmerzen empfindet, erreicht schnell einen Punkt, an dem er nicht einmal seinen eigenen Halter erkennt, sondern blindlings nach allem beißt, was sich ihm nähert.
Die einzige Möglichkeit, um sich selbst und das Tier in einer solchen Situation vor Schaden zu bewahren und in der Lage zu sein, ihm sofortige Hilfe zuteil werden zu lassen, ist den Hund unter Kontrolle zu bringen und ruhigzustellen. Ist nicht sofort ein Tierarzt zur Stelle, der eine Beruhigungsspritze verabreichen kann, muß sich der Halter auf andere Weise behelfen, zum Beispiel mit einem Maulkorb. Nun besitzt nicht jeder Hundehalter einen Maulkorb, wenn er diesen nicht sowieso benötigt, um sein Tier in der Öffentlichkeit ausführen zu können. Sie können jedoch relativ einfach und schnell einen provisorischen Maulkorb basteln, der in einer solchen Situation recht hilfreich sein kann.
Sie benötigen dazu nichts weiter als eine etwa 70 cm bis ein Meter lange stabile Schnur oder Kordel. Im Notfall kann auch die Leine, ein Nylondamenstrumpf oder etwas ähnliches benutzt werden. Mit diesem „Werkzeug" verfahren Sie folgendermaßen.

1.) Sie verknoten es leicht in der Mitte, so daß eine herunterhängende, große Schlaufe entsteht. Es wird dazu ein einfacher Knoten benutzt, der sich leicht zuziehen läßt.
2.) Die beiden Enden werden mit bei-

den Händen auseinandergehalten.
3.) Die Schlaufe wird langsam unter ruhigem Zureden über die Schnauze des Hundes manövriert, so daß sie sich kurz hinter der Nase befindet und Ober- sowie Unterkiefer umschließt.
4.) Die Schlaufe wird schnell zugezogen, was den Hund daran hindert, sein Maul zu öffnen.
5.) Nun werden die beiden Enden unterhalb des Unterkiefers nochmals verknotet.
6.) Danach ziehen Sie die beiden Enden rechts und links unterhalb der Ohren nach hinten und verknotet sie am Hinterkopf erneut.

Es ist wärmstens zu empfehlen, das Anlegen dieses „Notfall-Maulkorbs" von Zeit zu Zeit zu üben und den Hund an diese Prozedur zu gewöhnen, solange er gesund und ruhig ist. So wird sichergestellt, daß dieser Vorgang dem Tier bereits vertraut ist und Sie jeden erforderlichen Handgriff kennen. Ist ein eintretender Notfall auch gleichzeitig die Premiere für dieses Hilfsmittel, so überträgt sich die Nervosität des darin ungeübten Halters auf den Hund und macht, in Verbindung mit der Angst vor diesem „Monstrum", die Situation nur noch schlimmer. Es ist unbedingt darauf zu achten, daß wenn sich der Hund erbre-

Für Notfälle sollten Sie die Telefonnummer des Tierarztes stets griffbereit haben.
Foto: Robert Smith

chen sollte, dieser oder jeder andere Maulkorb sofort zu entfernen ist, damit das Tier nicht an dem Erbrochenen ersticken kann.

Vergiftung durch Frostschutzmittel

Auch hier ist Zeit der wichtigste Faktor zur Rettung des Hundes. In der offenen Garage oder anderswo herumstehende Behälter mit Frostschutzmittel sind potentielle Gefahrenquellen.

Frostschutzmittel hat einen süßlichen Geschmack, was für den Hund einen fast unwiderstehlichen Anreiz bietet, es auf- oder abzulecken. Schlechterdings ist der Hauptbestandteil von Frostschutzmitteln Äthylenglycol, das zu schwersten, irreparablen Nierenschäden führt.

Heute gibt es bestimmte Testmethoden, um eine solche Vergiftung schnell nachzuweisen. Die Behandlung ist ausgesprochen drastisch und muß umgehend erfolgen, um das Tier noch zu retten. Um es gar nicht erst zu solchen Vorfällen kommen zu lassen, sollten Sie stets darauf achten, Frostschutzmittel unbedingt außerhalb der Reichweite von Hunden und anderen Haustieren aufzubewahren.

Wespen- und Bienenstiche

Ein Wespen- oder Bienenstich kann extrem starke Reaktionen nach sich ziehen und aus Atmungsproblemen, Ohnmachtsanfällen und sogar dem Tod des Hundes bestehen. Deutliche Anzeichen sind Schwellungen um die Schnauze herum und im Gesicht. In solchen Fällen ist es wichtig, die Farbe des Zahnfleisches, die Atmungstätigkeit sowie die Schwellung aufmerksam zu beobachten. Treten Abweichungen vom Normalzustand auf und wird die Schwellung zunehmend stärker, dann ist sofort ein Tierarzt aufzusuchen. Wurde das Tier im Maulinnenraum oder sogar in die Zunge gestochen, so sollten Sie keinesfalls warten, sondern sofort reagieren – hier besteht akute Erstickungsgefahr.

In jedem Fall kann das Verabreichen eines wirksamen Antihistamins eine schnelle Erleichterung bringen und dem Halter einen Zeitvorteil verschaffen. Da jedoch nicht alle Antihistamine für diesen speziellen Fall geeignet sind, sollten Sie sich vom Tierarzt für den Notfall beraten lassen und stets einen kleinen Vorrat im Haus haben.

Blutungen

Blutungen können durch unterschiedliche Faktoren hervorgerufen werden. Zum Beispiel kann es sich dabei um eine ausgerissene oder eine zu kurz abgeschnittene Kralle, eine leichte Hautverletzung oder auch eine ernste Fleischwunde handeln.

Die erste Maßnahme bei stärkeren Blutungen ist, sofort einen Druckverband anzulegen, um die Blutung zu stoppen. Dieser Verband muß alle 15 bis 20 Minuten gelockert werden, damit die allgemeine Durchblutung nicht zu lange unterbunden wird. Das Verbandmaterial muß unbedingt sauber und sollte nicht zu elastisch sein, denn das birgt die Gefahr, daß es zu fest gewickelt wird. Steht kein professionelles Verbandmaterial zur Verfügung, dann können auch

ein Handtuch, ein Waschlappen oder ähnliches benutzt werden, das dann mit einer Krawatte oder einem Gürtel festgebunden wird.
Eine blutende Kralle kann mit etwas blutstillender Watte oder ebensolchem Puder behandelt werden, jedoch sollte der Tierarzt danach einen Blick darauf werfen, um eine Entzündung rechtzeitig zu verhindern. Jede Wunde sollte zuerst mit einem antiseptischen Reinigungsmittel gesäubert und dann verbunden werden. Alkohol sollte möglichst nicht benutzt werden, denn er wirkt sich negativ auf die Heilung des Gewebes aus. Bei größeren oder tieferen Wunden muß das Tier umgehend in ärztliche Behandlung.

Blähungen

Obwohl eine normale Blähung, bei der das Gas auf natürliche Weise aus dem Körper entweicht, nicht unbedingt als eine Notfallsituation betrachtet werden kann, muß auch hier zwischen Normal und Anormal unterschieden werden.
Ein regelrecht aufgeblähter Magen oder Darm tritt eigentlich häufiger bei großen Hunderassen auf, ist deshalb jedoch bei kleineren nicht ausgeschlossen. Hier handelt sich um einen lebensbedrohenden Zustand, der eine umgehende Reaktion erfordert.
Der Magen wird hierbei durch übermäßige Gasansammlungen oder eine schaumige Substanz ausgedehnt und kann sich nicht entleeren. Dieser Zustand kann wiederum zu einer Magenverdrehung oder -verschlingung führen, wodurch beide Magenöffnungen blokkiert werden. Durch die Verdrehung wird auch eine der Hauptvenen blockiert, die Blut zum Herzen transportieren, wodurch ein enormer Druck auf die Blutzirkulation ausgeübt wird. Diese Situation führt in nur kurzer Zeit zu einem Schockzustand mit nachfolgendem Tod. Hier ist umgehende ärztliche Hilfe in Form einer Notoperation der einzige mögliche Lebensretter.

Verbrennungen

Rührt die Verbrennung vom Kontakt mit einer Chemikalie her, sollte umgehend der Tierarzt angerufen werden. Normale Verbrennungen werden unter kaltem, fließenden Wasser gelindert, und anschließend wird der Tierarzt aufgesucht. Bei ernsthaften Verbrennungen oder auch leichteren, jedoch flächenmäßig großen, wird der Hund am besten sofort in eine Tierklinik gebracht. In vielen Fällen ist es zur besseren Sauberhaltung der Wunde notwendig, das umgebende Haar abzurasieren.
Die Behandlung besteht meistens aus einer gründlichen Reinigung der Wunde und dem Auftragen einer antimikrobiotischen Salbe; ein Vorgang, der täglich wiederholt werden muß. Eine mittelschwere Brandwunde benötigt etwa drei Wochen zur vollständigen Heilung, wobei damit gerechnet werden muß, daß ein neuer Fellwuchs an der Brandstelle in einigen Fällen ausbleibt.
Unbehandelte Verbrennungen ufern in Sekundärinfektionen aus, verursachen dem Tier enorme Schmerzen und können zu einem möglicherweise tödlichen Schock führen. Besonders ältere Hunde

reagieren hier meistens bedeutend empfindlicher als jüngere.

Wiederbelebung

In einem Fall, wenn der Hund scheinbar unter einem Herzstillstand leidet, muß zuerst schnellstens überprüft werden, ob noch ein Herzschlag, Puls und eine Atmungstätigkeit festzustellen sind. Sind die Pupillen des Hundes bereits erweitert und starr, dann sieht die Diagnose nicht gut aus.

Eine solche Notsituation erfordert zwei Menschen zur Anwendung der professionellen Wiederbelebungsversuche. Eine Person muß für das Tier atmen, während die zweite sich dem Wiederbeleben des Herzens widmet.

Der Hund wird auf seine rechte Seite gelegt, die Hände des Halters befinden sich rechts und links am Brustkorb, etwa in Höhe der vierten und fünften Rippe. Der Brustkorb wird nun gleichmäßig zusammengepreßt und dann wieder losgelassen. Dieser „Pumpvorgang" wird je nach Größe des Hundes 70 bis 120 Mal in der Minute wiederholt.

Die Zunge wird nach vorne aus dem Maul gezogen, um die Atmung nicht zu behindern. Nach jedem fünften „Pumpen" holt der Helfer tief Luft, deckt die Nase des Hundes mit den Händen ab und atmet langsam in das Maul aus. Dabei sollte zu beobachten sein, daß sich der Brustkorb des Hundes weitet. Dieser Vorgang wird alle fünf bis sechs Sekunden (12 bis 20 Mal pro Minute, ebenfalls je nach Größe des Hundes) wiederholt, wobei der Brustkorb weiterhin bearbeitet wird, nur nicht in dem Moment, in dem der Helfer Luft in die Lungen des

Obwohl der Kontakt mit anderen Hunden für das Sozialverhalten wichtig ist, sollte das stets unter Aufsicht geschehen. Bei einem Kampf zwischen Hunden muß man schon genau wissen, was zu tun ist, um die Sicherheit von Hund und Mensch zu gewährleisten. Besitzer: Christine Filler

Hundes pumpt. Das Tier muß unbedingt warmgehalten und der Tierarzt umgehend verständigt werden. Sobald sich Herzschlag und Atmung wieder eingefunden haben, muß schnellstens für einen sicheren Transport in eine Tierklinik gesorgt werden.

Schokoladenvergiftung

Hunde lieben Schokolade, doch diese Liebe kann sie umbringen. Verantwortlich dafür sind zwei in Schokolade enthaltene Stoffe – Koffein und Theobromin, ein natürliches Alkaloid der Kakaobohne. Diese Stoffe führen beim Hund zu einer Überstimulation des Nervensystems. Eine Milchschokoladenmenge von nur 280 g kann bereits einen fünf Kilogramm schweren Hund umbringen! Die Symptome für eine solche Vergiftung sind Ruhelosigkeit, Erbrechen sowie ein beschleunigter Herzschlag und Krämpfe. In der Folge verfällt der Hund ins Koma. Der nachfolgende Tod ist wahrscheinlich, wenn nicht sofort gehandelt wird.

Als erste Maßnahme sollte der Hund umgehend zum Erbrechen gebracht werden; der Tierarzt ist sofort zu benachrichtigen. Als effektives Brechmittel können 1/4 Teelöffel Brechwurzelsirup pro Kilo Körpergewicht verabreicht werden.

Die sicherste und einfachste Methode ist es allerdings, seinen Hund erst gar nicht auf den Geschmack zu bringen und Schokolade als ein Tabu zu betrachten. Für den menschlichen Genuß hergestellte Lebensmittel sind für einen Hundeorganismus sowieso ungeeignet und sollten generell vom Speiseplan gestrichen werden.

Ersticken

Die erste Maßnahme in solchen Fällen ist die Suche nach dem Auslöser. Sie halten den Hundekörper zwischen den Beinen, greifen mit jeweils einer Hand Ober- und Unterkiefer, öffnen das Maul und schauen so weit wie es geht in den nach oben gereckten Hals. Ist ein Fremdkörper sichtbar, der offensichtlich die Atmung blockiert, so muß dieser umgehend entfernt werden. Haben Sie einen Assistenten zur Hand, kann dieser versuchen, den Gegenstand mit der Hand oder einer langen, stumpfen Pinzette zu greifen. Ist das nicht möglich, so muß versucht werden, den Hund mit dem Kopf nach unten zu halten, damit der Gegenstand dann vielleicht nach vorne rutscht und herausfällt. Da Zeit hier ein lebenswichtiger Faktor ist, muß noch während dieser Erste Hilfe-Maßnahmen der Tierarzt benachrichtigt werden.

Um solche Unfälle zu vermeiden, muß unbedingt darauf geachtet werden, daß Spielzeuge stets eine Größe haben, die ein Verschlucken unmöglich macht. Desweiteren müssen Ketten oder kettenartige Halsbänder außerhalb der Auslaufzeiten unbedingt abgelegt werden. Anderenfalls besteht die Gefahr, daß der Hund beim Spielen an einem Ast, einem Haken oder einem anderen Gegenstand hängenbleibt und sich bei dem Versuch freizukommen, selbst erwürgt. Ein Lederhalsband ist hingegen unbedenklich und kann ständig um den Hals des Hundes belassen werden. Es ist weiterhin darauf zu achten, daß der Hund keinen Zugang zu kleinen, splitternden oder Hohlknochen hat. Dazu zählen kleine Knochen-

teile, zu kleine Markknochen, Kotelettknochen und Knochen von gebratenem oder gekochtem Hähnchen.
Ein kleiner Markknochen kann klein genug sein, um problemlos verschluckt zu werden, jedoch andererseits zu groß sein, um auf natürlichem Wege ausgeschieden zu werden – eine Magenverschlingung oder ein Darmverschluß können die Folge sein. Kotelett- und Brathähnchenknochen zersplittern und können beim Hinunterschlucken im Hals steckenbleiben oder mit ihren scharfen Bruchspitzen die Speiseröhre oder Magen- oder Darmwände aufreißen – es kommt zu schwersten inneren Verletzungen oder einem Tod durch Ersticken.

Bißverletzungen

Wurde ein Hund von einem anderen gebissen, dann muß die Wunde gereinigt und die Schwere der Verletzung beurteilt werden. Ist die Wunde tief oder großflächig und blutet stark, so ist eine sofortige tierärztliche Hilfe unverzichtbar. Handelt es sich dagegen nur um eine oberflächliche Wunde, bei der lediglich die Haut beschädigt wurde, reicht vorerst eine gründliche Säuberung, das Entfernen des umliegenden Fells und das Auftragen einer antibakteriellen Salbe. Dennoch sollte das Tier zur Sicherheit einem Tierarzt vorgeführt werden.

In jedem Fall sollten Sie genauestens über den Zeitpunkt der letzten Tollwut-Schutzimpfung informiert sein, denn das kann von größter Bedeutung für das Leben des Hundes sein, besonders dann, wenn Sie den Verursacher der Wunde nicht kennen. Auch für Ihr Leben ist diese Information wichtig, nämlich dann, wenn Sie das Opfer einer solchen Bißverletzung sind. In diesem Fall ist unbedingt zu überprüfen, wann Sie Ihre letzte Tetanusimpfung erhalten haben.

Ertrinken

Es passiert hin und wieder, daß besonders junge Hunde oder Welpen in ein öffentliches Gewässer oder einen Swimmingpool springen oder fallen. Obwohl der Hund darauf instinktiv mit Schwimmbewegungen reagiert, kann es schnell dazu kommen, daß ihm die Kraft ausgeht, bevor er das sichere Ufer erreicht, abgetrieben wird oder sich in seiner Panik am falschen Ende des Pools herauszuzie-

Dobermann Pinscher schwimmen gerne. Diese Art der Bewegung ist zwar gut für den Hund, jedoch lauern in natürlichen Gewässern Unmengen von Gefahren.

hen versucht, dort jedoch immer wieder abrutscht und ins Wasser zurückfällt.
Wird der Hund umgehend nach dem Untergehen geborgen, dann können Wiederbelebungsversuche durchaus erfolgreich sein. Das Maul wird geöffnet, alle Fremdkörper wie Schmutz und ähnliches werden schnell entfernt, der Hund dann am Hinterkörper gehalten und mit dem Oberkörper nach unten hängend hin und her geschwungen, um das Wasser aus den Lungen zu entlassen. Die Zunge wird aus dem Maul herausgezogen, um die Atmung nicht zu behindern, und es werden Mund-zu-Mund-Beatmungen sowie Herzmassagen durchgeführt (wie unter „Wiederbelebung" beschrieben). Der Tierarzt ist umgehend zu benachrichtigen.
Diese Erste Hilfe-Maßnahmen dürfen nicht eingestellt werden, bis das Tier entweder zu sich kommt und das verschluckte Wasser erbricht oder ärztliche Hilfe eingetroffen ist. Außerdem sollte das Tier in eine Decke eingewickelt warm gehalten werden, denn es besteht zusätzlich die Gefahr einer Unterkühlung und des Schocks.

Elektroschock

Welpen, Junghunde, jedoch auch bereits ältere Tiere neigen oftmals dazu, sich plötzlich und unvermutet mit Dingen im Haus zu beschäftigen, die sie vorher nicht eines Blicks gewürdigt haben. Dazu können auch Elektrokabel und elektrische Geräte gehören.
Welpen und Junghunde sind genauso neugierig wie Kleinkinder und verspüren den unbändigen Drang, alles Unbekannte mit ihrer kleinen feuchten Nase, den Pfoten oder sogar den Zähnen zu untersuchen. Deshalb empfiehlt es sich, in Reichweite befindliche Steckdosen mit Sicherheitskappen zu versehen und den gesamten Stromkreislauf mit einem ultraflinken Schutzschalter abzusichern. Dabei handelt es sich um einem sogenannten Wasserschlag-Sicherheitsschutzschalter, kurz FI- Schalter genannt, der in jedem guten Elektrogeschäft erhältlich ist. Diese ultraflink reagierenden „Sicherungen" reagieren bereits auf geringste Fehlerströme und schalten sofort den gesamten Stromkreis ab, lange bevor dies eine normale Sicherung tun würde. Sie können so nicht nur das Leben des Hundes oder auch eines Kindes retten, sondern verhindern darüberhinaus auch auf diese Weise entstehende Wohnungsbrände.
Ich kann aus eigener Erfahrung versichern, daß diese Maßnahme lebensrettend sein kann. Einer meiner Hunde, sieben Jahre alt, hatte sich eines Tages ein in Reichweite befindliches Verlängerungskabel in sein Körbchen gezerrt und genüßlich darauf herumgekaut, bis die Isolierung durchbrochen und die nackten Kabel miteinander und seiner feuchten Zunge in direkten Kontakt kamen. Der Sicherheitsschutzschalter, der zu diesem Zeitpunkt glücklicherweise bereits installiert war, reagierte sofort und rettete ihm so das Leben.
Kommt es jedoch zu einem Stromschlagunfall, weil eine solche Sicherheitseinrichtung nicht vorhanden ist, dann müssen folgende Dinge beachtet werden. Zuerst muß der Stromkreis unterbro-

chen werden, bevor das betreffende Tier angefaßt wird. Die Zunge wird aus dem Maul herausgezogen und Mund-zu-Mund-Beatmung sowie Herzmassagen durchgeführt. Der Hund muß schnellstmöglich einem Tierarzt vorgeführt werden, denn Stromschläge können nicht sichtbare innere Verletzungen wie Lungenschäden verursachen, die eine sofortige Behandlung erfordern.

Es ist grundsätzlich darauf zu achten, daß sich elektrische Geräte stets außerhalb der Reichweite des Hundes befinden. Bei in Betrieb befindlichen Geräten, die zeitweise oder ständig ans Stromnetz angeschlossen sind, müssen die Kabel so verlegt sein, daß der Hund nicht daran hängenbleiben und das Gerät herunterreißen kann.

Augen

Gerötete Augen weisen auf Augeninfektionen hin – jede Rötung des weißen inneren Augenbereichs ist ein Alarmzeichen. Schielen, eine trübe Pupille oder eine offensichtlich beeinträchtigte Sehfähigkeit sind Anzeichen für ernste Probleme wie ein Glaukom (Grüner Star) oder ähnlich schwere Augenerkrankungen.

Bei einem Glaukom ist umgehende ärztliche Hilfe erforderlich, um das Augenlicht des Tiers zu retten. Eine prolabierte Nickhaut (Vorfall des dritten Augenlids) ist eine anormale Erscheinung und deutet auf ein unterschwelliges Problem hin. Das Gleiche gilt für ein schlaffes, herunterhängendes oberes oder auch unteres Augenlid.

Allergien oder ständig tränende Augen können ein vorübergehendes, dabei aber

sehr störendes Problem sein. Durch die stetig austretende Tränenflüssigkeit ist der Bereich unter dem Auge anhaltend feucht, was wiederum zu einer Bakterieninfektion führen kann.

Schwellungen, Rötungen oder geplatzte Blutgefäße im Inneren des Auges können auch einen im Auge befindlichen Fremdkörper als Ursache haben. Dieser muß schnellstens, jedoch mit größter Vorsicht entfernt werden, wozu das Auge am besten mit kaltem Wasser ausgewaschen wird. Klingen Schwellung und Rötung danach nicht zusehends ab, und

erweckt der Hund durch auffälliges Blinzeln und Reiben mit der Pfote immer noch den Eindruck, daß etwas das Auge irritiert, sollte unbedingt ein Tierarzt aufgesucht werden.

Die Liste der möglichen Ursachen für Augenprobleme ist lang – Allergien, Infektionen, Fremdkörper, eingewachsene Wimpern, störende lange Gesichtshaare, Erkrankungen oder Verletzungen des Tränenkanals, deformierte Augenlider und so weiter. Jede dieser Ursachen erfordert eine individuelle Behandlung, über die generell der Tierarzt und nicht das Gutdünken des Halters entscheiden sollte.

Ohren

Das gesunde Hundeohr zeigt eine innen rosafarbene Ohrmuschel, ist frei von Sekretabsonderungen, und der Hund verspürt nur hin und wieder den Drang, sich am Ohr zu kratzen.

Wird häufiges und hartnäckiges Kratzen beobachtet, ist die Ohrmuschel rot gefärbt, wirkt die Haut entzündet oder rauh, sind Absonderungen von dunklem oder blutigem Ohrenschmalz oder übelriechende Ablagerungen von braunen, gelblichen oder blutigen Verkrustungen im Ohr zu entdecken, wird der Kopf häufig geschüttelt, reagiert das Tier bei der Berührung der Ohren mit Schmerzen oder sind Schwellungen vorhanden, liegt ein offensichtliches Problem vor.

So lang wie die Liste der möglichen Symptome ist auch die der infrage kommenden Ursachen – Futterallergien oder Reaktionen auf eingeatmete Stoffe, ein Milbenbefall, eine allergische Reaktion auf ein Medikament, eine Infektion, eine Verletzung, eine Zecke oder ein anderer Fremdkörper der, wie auch immer, in das Ohrinnere gelangt ist. Bei älteren Hunden kann ein häufiges Kopfschütteln auch mit einer altersbedingten Schwerhörigkeit in Zusammenhang stehen, die das Tier irritiert.

Sicherlich handelt es sich bei den meisten dieser Erscheinungen um keinen wirklichen Notfall, jedoch sollten sie trotzdem nicht auf die leichte Schulter genommen, sondern es sollte schnellstens reagiert und versucht werden, die

Nicht nur Welpen und Junghunde, sondern auch ältere Tiere neigen dazu, sich unvermutet mit Dingen in Haus und Garten zu beschäftigen, die sie vorher keines Blicks gewürdigt haben.
Foto: Archiv T.F.H.

Ursache zu ergründen. Gewißheit darüber, um welche der vielen Möglichkeiten es sich nun definitiv handelt, kann nur eine eingehende Untersuchung beim Tierarzt bringen.

Das Atmungssystem

Husten oder häufiges Niesen sind deutliche Anzeichen für Atemwegserkrankungen. Es kann sich dabei um eine Erkältung, eine Bronchitis, eine Lungenentzündung aber auch um eine Allergie oder eine Mandelentzündung handeln.
Es ist unbedingt darauf zu achten, ob die Atmung flach, beschleunigt, verlangsamt oder schwer ist. In jedem Fall ist bei Auftreten der vorgenannten Symptome wie auch bei röchelnden oder lauten Atemgeräuschen sofort ein Tierarzt zu konsultieren, um dem Übel so schnell wie möglich auf die Schliche zu kommen.

Fischgräten

Es sollte unnötig sein zu erwähnen, daß vor dem Verfüttern von Fisch sämtliche Gräten zu entfernen sind. Dennoch kann es dazu kommen, daß eine oder zwei Gräten übersehen werden, der Hund den Fisch aus einer Mülltonne ausgegraben oder von einem „freundlichen" Nachbarn bekommen hat, was meistens ohne das Wissen des Halters geschieht.
In solchen Fällen darf nicht versucht werden, die festhängende Gräte aus dem Hals des Hundes zu entfernen, weil ein Laie dabei durchaus mehr Schaden anrichten als helfen kann. Außerdem wird sich das verängstigte und unter Schmerzen leidende Tier nicht so ohne weiteres in den Hals fassen lassen, was in den meisten Fällen das Verabreichen eines Beruhigungsmittels notwendig macht. Hat sich die Gräte quer im Hals verfangen, was meistens der Fall ist, dann muß sie erst in der Mitte durchtrennt werden, bevor beide Teile dann einzeln entfernt werden können. Andernfalls würde der Versuch, die festhängende Gräte in einem Stück herausziehen zu wollen, unweigerlich in einer noch schlimmeren Verletzung ausarten, als der, die sowieso bereits entstanden ist. Diese Verletzung muß vermutlich mit Antibiotika behandelt werden, weshalb unbedingt und umgehend ein Tierarzt aufzusuchen ist.

Fremdkörper

Es ist teilweise unglaublich, für welch unmögliche Dinge sich ein Hund begeistern kann. Unterhalten Sie sich einmal ausgiebig mit einem Tierarzt, dann werden Sie kaum glauben wollen, was dieser schon alles aus den gemarterten Mägen und Gedärmen von Hunden herausoperiert hat. Besonders junge Hunde betrachten alles, was ihnen vor die Nase kommt, in erster Linie als freßbar. Dabei wird kaum darauf geachtet, ob das Objekt auch schmeckt, solange es nur in irgendeiner Weise anregend oder interessant riecht.
Zu solch gefährlichen Fremdkörpern, die das Leben eines Hundes schnell und vorzeitig beenden können, zählen nicht nur Splitterknochen von Koteletts und die Hohlknochen von gebratenem Geflügel, sondern auch beispielsweise das Ver-

Das Wohlergehen Ihres Dobermann Pinschers hängt von Ihrer Liebe und Pflege ab. Ihr Wissen über Erste Hilfe-Maßnahmen kann ihm eines Tages das Leben retten.

packungsmaterial von Lebensmitteln. Der Papp- oder Styroporteller und die Klarsichtfolie, in der Fleisch verpackt war, Staniolfolie, Plastiktüten, einfach alles, was zur Verpackung von Fleisch, Wurst und anderen verlockend riechenden Dingen benutzt wird, erregt das Interesse eines Hundes. Der daran haftende Duft macht das Objekt so reizvoll, daß es kurzerhand angeknabbert oder gleich mit „Haut und Haaren" verschlungen wird. Oftmals sind es auch nur kleine Teile von Fremdkörpern, die in den Magen gelangen und dann unverdaut über den Darm ausgeschieden oder erbrochen werden – was jedoch, wenn das Objekt weder vorne noch hinten auf mehr oder weniger natürliche Weise wieder austritt?

Ob Sie es glauben möchten oder nicht, es sind nicht nur nach Lebensmitteln riechende Fremdkörper aus Hunden herausoperiert worden, sondern auch eine Reihe anderer Dinge wie Steine, Socken, Unterhosen, Strümpfe, Windeln, Waschlappen, alle Arten von Plastik, Spielzeug und sogar Teile von Reitpeitschen, Schuhen und Handtaschen!

Offensichtlich sollte ein Hund dahingehend erzogen werden, sich nicht an solchen Dingen zu vergreifen, sondern sich mit seinem eigenen, (hoffentlich) gefahrlosen Spielzeug zu beschäftigen, jedoch muß besonders bei Welpen und Junghunden jederzeit mit einem solchen Zwischenfall gerechnet werden. Treffen Sie also auf angeknabberte Gegenstände, vermissen plötzlich welche, findet beim Hund keine Verdauung statt oder muß er sich offensichtlich quälen, um wenigstens eine kleine Kotmenge auszuscheiden, wird aus unerklärlichen Gründen das Futter verweigert oder dieses kurz nach dem Verzehr wieder erbrochen, versucht sich das Tier erfolglos zu erbrechen, reagiert auf das leichte Abtasten von Magen- und Darmbereich mit Anzeichen von Schmerzen oder die Magenregion wirkt aufgebläht, sind das alles Anzeichen für einen ernsthaften Notfall. Der Hund muß umgehend zu einem Tierarzt gebracht werden, der feststellen wird, ob eine sofortige Operation erforderlich ist oder ob vielleicht ein geeignetes Abführ- oder Brechmittel die ersehnte Erleichterung bringt. Obwohl oftmals dazu geraten wird, den Hund umgehend erbrechen zu lassen, soll an dieser Stelle davon abgeraten werden. Abhängig davon, was für einen Gegenstand das Tier verschluckt hat, wie groß er ist, aus welchem Material er besteht, welche Menge davon gefressen wurde, wie lange es bereits im Magen liegt und in welchem Allgemeinzustand sich das Tier befindet, kann ein Erbrechen den Schaden durchaus noch vergrößern. Die Entscheidung darüber, was wann und wie in einem solchen Fall getan werden muß, sollte hier unbedingt dem Tierarzt überlassen werden.

Hitzschlag

Obwohl oftmals gesagt wird, daß besonders langhaarige Hunderassen unter hohen Temperaturen leiden, ist genau das Gegenteil der Fall. Es sind meistens die kurzhaarigen Rassen, die statt Ober- und Unterfell nur eine Fellschicht mit einer dementsprechend schlechteren Isolationswirkung besitzen und dadurch auf hohe Temperaturen empfindlicher reagieren. Außerdem hat die Länge der Schnauze einen anatomisch bedingten Einfluß auf das natürliche „Kühlsystem" des Hundes. Dieses funktioniert bei Hunden mit längeren Schnauzen effektiver als bei kurzschnäuzigen. Außerdem besteht ein erhöhtes Risiko für alle übergewichtigen und herzkranken Hunde.

Es kann jedoch in jedem Fall zu einem Hitzschlag kommen, wenn das Tier für längere Zeit sehr hohen Temperaturen oder direkter Sonneneinstrahlung ausgesetzt wird, ohne dem ausweichen zu können. Solche Situationen entstehen beispielsweise, wenn der Hund im Auto eingesperrt ist, dieses in der Sonne steht oder die Außentemperaturen relativ hoch sind. Selbst an beiden Seiten leicht geöffnete Fenster schaffen hier keine ausreichende Abhilfe. Das Anbinden des Hundes an einem sonnenexponierten Platz im Freien oder das übermäßige Herumtollen mit dem Tier in der Sonne sind ebenfalls gefahrenträchtige Situationen.

Anzeichen für einen Hitzschlag sind fla-

Die Meinung das besonders langhaarige Hunde unter hohen Temperaturen leiden ist falsch. Im Gegenteil – es sind fast immer kurzhaarige Rassen, die mit ihrem dünnen Fell eine dementsprechende „Isolation" besitzen und dadurch empfindlicher reagieren.
Foto: Robert Smith

ches, schnelles Atmen, beschleunigter Herzschlag, eine erhöhte Körpertemperatur sowie Ohnmachtsanfälle. In einem solchen Fall muß das Tier sofort gekühlt und von einem Tierarzt behandelt werden. Das Kühlen geschieht am besten mit Wasser, das jedoch nicht einfach über das Tier gegossen wird, denn dies würde unweigerlich einen Schock auslösen. Sie reiben das Tier erst mit einem nassen Lappen oder Schwamm mit dem kühlenden Wasser ab und lassen es dann langsam über den Körper rieseln. Der Hund muß unbedingt abgeschattet und mit frischer und kühler Luft versorgt werden, wobei Zugluft unbedingt zu vermeiden ist.

Außerdem können Sie Eiswürfel um den Kopf und Hals legen, um eine anhaltende Kühlung zu erzielen. Dabei muß die Körpertemperatur des Tiers überwacht und das Kühlen eingestellt werden, sobald die Normaltemperatur wieder hergestellt ist. Diese wird weiterhin überwacht, um sicherzustellen, daß sie nicht erneut ansteigt, was ein dann wiederholtes Kühlen erforderlich macht. Bleibt die Temperatur nicht konstant, sondern sinkt auch ohne Kühlung weiter, dann besteht Lebensgefahr. Professionelle Hilfe ist unbedingt und schnellstmöglich erforderlich.

Vergiftungen allgemein

Vergiftungserscheinungen äußern sich oftmals durch Muskelkrämpfe und Schwäche, übermäßigen Speichelfluß, Erbrechen, heftigen unkontrollierten Durchfall und Gleichgewichtsstörungen. Hier gilt es in erster Linie herauszufinden, was der Hund gefressen oder getrunken hat.

Handelt es sich dabei um chemische Stoffe wie Reinigungsmittel, Farbverdünner oder ähnliches, und Sie sind sich der Ursache der Vergiftung sicher, ist sofort der Tierarzt zu verständigen und über die auf der Verpackung aufgelisteten Inhaltsstoffe zu informieren, damit er sich ein Bild von der Art der Vergiftung machen kann. Er wird noch am Telefon Anweisungen darüber geben, was bis zu seinem Eintreffen zu tun ist.

In einem normalen Haushalt existieren bis zu 500.000 Giftstoffe, die einem Hund gefährlich werden können. Sie mögen im Haushaltsabfall vorhanden sein, es kann sich aber auch um Pestizide, Medikamente, Pflanzen, Schokolade oder Reinigungsmittel handeln, durch die sich der Hund eine Vergiftung zuzieht.

Es kann jedoch auch auf indirektem Weg zu Vergiftungen kommen. Der Verzehr von vergifteten Nagetieren ist nur ein Beispiel dafür. Sie sollten Ihren Hund auch unbedingt dazu erziehen, kein Futter von fremden Personen anzunehmen. Diese Person muß nicht zwingendermaßen etwas Böses im Schilde führen, kann dem Tier jedoch unbewußt etwas zu fressen anbieten, was Giftstoffe enthält (z.B. Schokolade) oder eine allergische Reaktion auslöst.

In jedem Fall muß sofort ein Tierarzt informiert werden. Wenn Sie den Grund des Übels nicht ausfindig machen können, ist es ihm dennoch möglich, anhand der deutlichen Symptome zu erahnen, um was es sich aller Wahrscheinlichkeit

Auch Hunde können einen lebensbedrohenden Schock, zum Beispiel durch einen Unfall oder anderweitig entstandene schwere Verletzungen bekommen. In diesem Fall sollten Sie keine Zeit verlieren und den Hund auf schnellstem Weg in eine Tierklinik bringen.
Foto: Archiv bede-Verlag

nach handeln könnte und entsprechende Anweisungen für Erste Hilfe-Maßnahmen zu geben. Und eine sehr wichtige Regel muß unter allen Umständen eingehalten werden – Finger weg von Milch oder anderen bei vergifteten Menschen oft angewendeten Mitteln zur Ersten Hilfe, wenn der Tierarzt nicht ausdrücklich dazu rät!

Die Liste auf Seite 115 erhebt keinen Anspruch auf Vollständigkeit. Sie macht jedoch deutlich, wieviele Giftpflanzen oder deren Früchte oder Teile sich in Haus und Garten befinden können, ohne daß Sie sich ihrer unmittelbaren Gefahr bewußt sind. Natürlich löst das Anknabbern oder Fressen dieser Pflanzen nicht in jedem Fall und zwingendermaßen eine lebensbedrohende Vergiftung aus, jedoch können größere Mengen oder bestimmte Sorten schon zu ernsthaften Problemen führen. Beobachten Sie ihren Hund dabei, wie er sich an Pflanzen im Haus oder Garten, im Park oder Wald zu schaffen macht und treten hinterher irgendwelche Symptome auf, so ist es wichtig, den Tierarzt über die Art der Pflanze informieren zu können. Der beste und sicherste Weg ist allerdings der, es gar nicht erst dazu kommen zu lassen und dem Tier ein solches Verhalten von Anfang an abzugewöhnen.

Epileptische Anfälle und Krämpfe

Einige Hunderassen sowie viele nicht rassereine Zuchten sind für Erscheinungen dieser Art anfällig. Oftmals weist ein solcher Krampfzustand oder Anfall aber auch auf ein unterschwelliges, anderes Gesundheitsproblem hin.

Gewöhnlich ist ein epileptischer Anfall keine Notfallsituation, es sei denn, er dauert länger als zehn Minuten. Sicherheitshalber ist jedoch in jedem Fall der Tierarzt zu informieren; selbst wenn es während der Nacht zu einem solchen Zwischenfall kommt und der Hund am nächsten Tag wieder einen völlig normalen Eindruck macht. Es kommt auch nicht wie beim Menschen dazu, daß die Zunge während eines Anfalls verschluckt wird, weshalb hier keine unmittelbare Lebensgefahr besteht.

Der Halter sollte in einer solchen Situation niemals versuchen, dem Hund ins Maul zu fassen oder seinen Kopf halten zu wollen, denn das Tier hat keine Kontrolle über sich selbst und könnte den Halter ungewollt beißen. Ein solcher Anfall kann so leicht sein, daß er kaum bemerkt wird und der Hund dabei sogar auf seinen vier Beinen stehenbleibt. In schwereren Fällen kann es passieren, daß der Hund vorübergehend bewußtlos wird sowie währenddessen Urin oder Kot ausscheidet. Das beste, was der Halter für einen Hund tun kann, der mehr oder weniger regelmäßig unter solchen Zuständen leidet, ist die Unterbringung an einem sicheren Ort, wo er sich während eines Anfalls nicht verletzen oder irgendwo herunterfallen kann.

In jedem Fall aber sollte ein Tierarzt eine gründliche Untersuchung vornehmen, um zu ergründen, wodurch diese Anfälle ausgelöst werden. Das ist leider nicht in jedem Fall feststellbar, jedoch besteht zumindest die Möglichkeit, daß ein anderes Gesundheitsproblem der Aus-

Um zu verhindern, daß Ihr Hund im Garten giftige Pflanzen, bzw. ihre Teile anknabbert oder sogar frißt, sollten Sie von anfang an solches Verhalten unterbinden. Foto: Robert Smith

löser ist, welches behoben diesen Erscheinungen ein Ende setzt.

Schweres Trauma

Bei einer komaähnlichen Bewußtlosigkeit oder einem schweren Schockzustand muß unbedingt sichergestellt sein, daß die Atemwege frei sind. Dazu werden Nase, Maul und Rachen des Hundes dahingehend untersucht, daß sie frei von Speichelansammlungen oder anderen Substanzen sind, welche die Atmung beeinträchtigen könnten. Der Körper des

Hundes sollte auf der Seite, Kopf und Hals in einer leicht gestreckten Position liegen, um das Atmen zu erleichtern. Bei auftretendem Erbrechen muß der Kopf nach unten gerichtet und der Körper angehoben werden, damit nichts in die Luftröhre gelangen kann. Es ist umgehend ärztliche Hilfe anzufordern.

... und denken Sie dran

Um es gar nicht erst zu Unfällen kommen zu lassen, ist Vorbeugung die wichtigste Maßnahme. Denken Sie stets daran, daß ein Hund, vor allem ein noch sehr junger, wie ein Kleinkind handelt und von mehr oder weniger den gleichen Dingen und Situationen magisch angezogen wird. Lassen Sie bei Ihrem Hund die gleiche Vor- und Umsicht walten, wie bei Ihren Kindern. Das ist der beste Weg zur Vermeidung von Unfällen.

Schock

Ein Schock ist ein lebensbedrohender Zustand, der eine sofortige ärztliche Versorgung erfordert. Zu einem Schockzustand kann es durch einen Unfall, anderweitig entstandene schwere Verletzungen oder auch durch panikartige Angstzustände kommen. Andere Auslöser für einen Schock können starker Blutverlust, Flüssigkeitsverlust, eine Sepsis, Vergiftungen, eine extrem hohe Adrenalinausschüttung, Herzversagen und eine Anaphylaxie (Überempfindlichkeitsreaktion) sein.
Die Symptome sind ein schneller, schwacher Puls, eine flache Atmung, erweiterte Pupillen, Untertemperatur und Muskelschwäche. Die Kapillarfüllzeit ist verlangsamt, und es dauert länger als zwei Sekunden, bis das Zahnfleisch nach einer Druckprobe seine normale Färbung wiedererlangt.
Der Hund muß warmgehalten und auf dem schnellsten Weg in eine Tierklinik transportiert werden. Jede verlorene Minute bringt das Tier dem Tod einen großen Schritt näher.

Impfreaktionen

In seltenen Fällen kann es vorkommen, daß ein Hund eine anaphylaktische Reaktion auf einen Impfstoff zeigt. Dabei handelt es sich um eine Unverträglichkeit gegenüber den im Impfstoff enthaltenen Eiweißmolekülen. Ein Symptom dafür kann eine deutliche Schwellung um die Schnauze sein, die sich unter Umständen bis hoch zu den Augen erstreckt.
Hier wird der Tierarzt darum bitten, mit dem Tier in seine Praxis zu kommen, um die Ernsthaftigkeit der Reaktion zu begutachten und dem Hund Steroide zu injizieren, die meistens eine schnelle Wirkung zeigen. Bei einigen Hunden kann solch eine Behandlung sowie ein mehrstündiger Klinikaufenthalt bei jeder nachfolgenden Impfung erforderlich werden.

Vorsicht vor giftigen Pflanzen

Amarillis (Knollen)

Apfelkerne

Avocadopflanzen

Azaleen

Bittersüß

Brennesseln

Buchsbaumholz

Butterblumen

Caladium (Buntwurz)

Christusdorn

Dieffenbachien

Dreizack-Gras

Efeu

Eibe

Eisenhut

Elefantenohrblatt

Fingerhut

Glyzinie

Goldregen

Holunderbeeren

Hortensien

Hyazinthen (Knollen)

Iris (Knollen)

Japanische Eibe

Jasmin (Beeren)

Kirschkerne

Kletterlilien

Liguster

Lorbeer

Märzbecher (gelbe Osternarzisse)

Mistel (Beeren)

Nachtschattengewächse (grüne Teile von z.B. Kartoffel, Tomate etc.)

Narzissen (Knollen)

Oleander

Pfirsichblätter

Philodendron

Pilze

Rhabarber

Rhododendron

Ringelblume

Rittersporn

Stechpalme

Tabak (nicht nur als Pflanze, sondern auch in Form von Zigaretten, Zigarren, etc.)

Tollkirschen

Tulpenzwiebeln

Walnuß

Zuckerbohnen

Aufgeblähtheit
siehe bei Magenverdrehung 70

Bluterkrankheiten
siehe bei Von-Willebrand-Krankheit 79

Chronische Hyperplasie des Auges
Genetischbedingter Fehler der Hyaloidarterie im Auge. Verursacht Vernarbungen im Auge. 77

Darmparasiten
die häufigsten bei Hunden auftretenden Darmparasiten sind Bandwürmer, Hakenwürmer, Peitschenwürmer und Rundwürmer 88

Demodex-Milbe
siehe bei Rote Räude 64

Dysplasie
siehe bei Ellbogengelenksdysplasie und Hüftgelenksdysplasie 67, 72

Ellbogengelenksdysplasie
die Erkrankung entsteht durch eine anormale Entwicklung der Elle, einem der Unterarmknochen, daraus resultiert ein instabiles Ellbogengelenk 67

Erste Hilfe 94

Farbmutations-Alopezie
Macht sich durch fleckigen, lichten Fellwuchs bemerkbar. 63

Floh
es handelt sich nicht nur um den unangenehmsten Außenparasiten, sondern zudem um einen viele Krankheiten übertragenden Parasiten. 82

Gelbsucht, Hepatitis 93

Genetisch bedingte Krankheiten
Erbkrankheiten, teilweise durch Inzucht in ihrer Häufigkeit ungewollt gefördert 60

Giardiase
siehe bei Kokzidiose 91

Grauer Star (Katarakte)
Trübung der Linse des Auges 62

Hautentzündungen durch Dauerlecken
eine genetisch bedingte Krankheit 60

Hautnuckeln an den Körperflanken
Fortgesetztes intensives Nuckeln an Hautstellen der Körperseiten. 69

Hepatitis, Gelbsucht 93

Herzwurm-Parasitose
Parasiten, die von einer in Deutschland nicht heimischen Mückenart übertragen wird. 88

Herzvenenverengung
ein ererbten Herzfehler, durch den der ungehinderte Abfluß des Bluts aus dem Herzen beeinträchtigt ist 63

Histiozytische ulzeriöse Kolitis
chronische Entzündung des Darms 73

Hüftgelenksdysplasie
eine genetisch bedingte Mißbildung der Gelenkkugel und der Gelenkpfanne der Hüfte 72

Hyperadrenocortismus (Cushings Syndrom) der Körper erzeugt zuviel Cortisol 73

Instabilität der Halswirbelsäule
Entsteht durch die Instabilität der Bandscheiben der Halswirbelsäule 62

Kokzidiose und Giardiase
Infektionskrankheiten, die gewöhnlich Welpen befallen und von Einzellern (Protozoen) hervorgerufen werden **91**

Leberkrankheit
Defekte des Stoffwechsels. Genetisch bedingt. Es kommt zu Kupferansammlungen in der Leber und führt dann zu Vergiftungen. **76**

Magenverschlingung
zuviel Luft im Magen bläht diesen auf, und so kann es zu einer Magenverdrehung oder -verschlingung kommen **70**

Narcolepsie
Schlafkrankheit; der Hund schläft ein, ohne daß vorher Müdigkeit bemerkbar war. **77**

Räude
jede Art von durch Milben hervorgerufenen Hautproblemen **64, 86**

Schilddrüsenunterfunktion
eine hormonelle Funktionsstörungen der Schilddrüse **75**

Sulfatsensibilität
Empfindliche Reaktionen auf Schwefelverbindungen. **79**

Staupe
eine Virusinfektion **93**

Spondylose
Wirbelsäulenerkrankung **79**

Toxoplasmose
ein Krankheitsbild, das durch einen Einzeller, *Toxoplasma gondii*, hervorgerufen wird **93**

Tracheobronchitis
siehe bei Zwingerhusten **92**

Virusinfektionen
Hunde können von verschiedenen Viruserkrankungen wie Hepatitis, Parvovirose, Tollwut und Staupe befallen werden, wenn sie in Kontakt mit anderen Tieren kommen, die Träger dieser Parasitosen sind **91**

Von Willebrand-Krankheit
diese Krankheit gilt als die häufigste Bluterkrankheit bei Hunden **79**

Zecke
rötlich brauner bis graublauer, blutsaugender Außenparasit, auch Schildzecke genannt, gehört zu den Milben **84**

Zwingerhusten
eine infektiöse Entzündung der Luftröhre und der Bronchien (Tracheobronchitis) **92**

Mein Dobermann Pinscher

Platz für das erste Foto Ihres Welpen

Mein Hund heißt

Mutter

Vater

Züchter

Geburtsdatum

Hundemarkennummer

Besondere Kennzeichen (Tätowierung, Fellfarbe etc.)

Tierarzt

Telefon

Adresse des Tierarztes

Tierklinik

Besondere Termine (Impfungen, Untersuchungen)

Datum	Art	Datum	Art

Mein gesunder

Hund ... in dieser Buchreihe dreht sich alles rund um den Hund!

Der Facharzt Dr. Lowell Ackerman beschreibt Ihnen in dieser Erfolgsreihe kompetent aber verständlich die Vorgehensweise zur richtigen Gesundheitspflege Ihres Hundes. Sie erhalten, der jeweiligen Hunderasse entsprechend, Informationen über Charakter, Auswahl, Ernährung, Erziehung, Krankheiten, Infektionen, Parasitosen und Möglichkeiten der Erste Hilfe-Leistung.

Jeder der 16 Titel umfaßt 120 Seiten mit informativen und faszinierenden Farbaufnahmen.

Für nur DM 24,80 je Titel ein Muß für den anspruchsvollen Hundehalter.

JE TITEL DM 24,80

ISBN 3-931792-54-4

ISBN 3-931792-53-6

ISBN 3-931792-58-7

ISBN 3-931792-52-8

ISBN 3-931792-60-9

ISBN 3-931792-57-9

Mein gesunder Hund

ISBN 3-931792-62-5

ISBN 3-931792-64-1

ISBN 3-931792-49-8

ISBN 3-931792-63-3

bede verlag

ISBN 3-931792-50-1

ISBN 3-931792-59-5

ISBN 3-931792-56-0

ISBN 3-931792-55-2

ISBN 3-931792-61-7

ISBN 3-931792-51-X

bede-Verlag GmbH
Bühlfelderweg 12
94239 Ruhmannsfelden
Telefon 0 99 29/42 41
Telefax 0 99 29/43 30
email bede-verlag@t-online.de
http://www.bede-verlag.de